AF501853

DU

DOMAINE INTERNATIONAL

ET DE

L'ÉQUILIBRE POLITIQUE.

TYPOGRAPHIE HENNUYER ET Ce, RUE LEMERCIER, 24. BATIGNOLLES.

DES MOYENS D'ACQUÉRIR

LE

DOMAINE INTERNATIONAL

OU

PROPRIÉTÉ D'ÉTAT ENTRE LES NATIONS,

D'APRÈS LE DROIT DES GENS PUBLIC,

COMPARÉS

AUX MOYENS D'ACQUÉRIR LA PROPRIÉTÉ ENTRE PARTICULIERS, D'APRÈS LE DROIT PRIVÉ;

et suivis de l'examen des principes

DE

L'ÉQUILIBRE POLITIQUE

PAR

EUGÈNE ORTOLAN,

DOCTEUR EN DROIT,

ATTACHÉ AU MINISTÈRE DES AFFAIRES ÉTRANGÈRES.

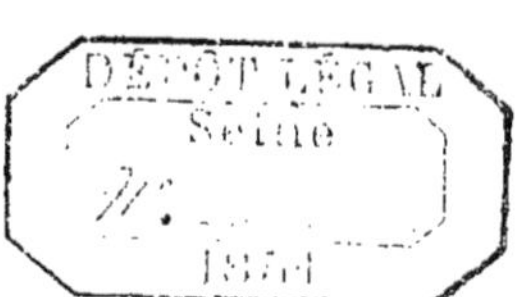

PARIS : AMYOT, RUE DE LA PAIX.

1851

DES MOYENS D'ACQUÉRIR

LE

DOMAINE INTERNATIONAL.

INTRODUCTION.

1. Lorsqu'en jetant les yeux sur une carte géographique, on considère les lignes de diverses couleurs qui y marquent la limite des États; lorsqu'on voit ces lignes varier, s'étendre ou se restreindre d'une époque à l'autre, souvent à peu d'années d'intervalle, et signaler ainsi des modifications successives dans l'étendue territoriale occupée par les divers peuples, on ne peut s'empêcher de se demander quelles sont les causes qui président à ces modifications, à ces agrandissements ou à ces diminutions de territoire. N'y a-t-il là qu'un effet des hasards de la fortune, du choc de la force contre la faiblesse, ou bien est-il possible de remonter plus haut, jusqu'à une source plus pure, jusqu'à l'idée de droit?

2. Le droit, qui n'est autre chose, dans son essence, qu'une conception abstraite, l'une des plus belles de notre raison, celle des nécessités morales d'action ou d'inaction entre les hommes, le droit existe pour les hommes individus et pour les hommes agissant collectivement; il y a pour les nations les unes à l'égard des autres, comme pour les particuliers entre eux, des nécessités morales d'action ou d'inaction : notre raison souffre si ces nécessités sont violées ; elle est satisfaite si elles sont observées.

Sans doute les nations sont indépendantes les unes des autres; elles ne reconnaissent au-dessus d'elles-mêmes, dans l'état actuel, ni législature chargée de décréter, ni juridiction chargée de prononcer, ni force supérieure chargée d'agir pour les contraindre à ce qu'elles doivent faire ou ne pas faire dans leurs relations respectives, pour transformer en nécessités de fait les nécessités morales du droit. En cas de conflit, lorsque les mesures de conciliation ont été inefficaces, la guerre reste le seul moyen de décider la contestation; duel judiciaire dans lequel, trop souvent, il est vrai, la cause la plus juste n'est pas la cause triomphante; mais les vérités morales du droit n'en existent pas moins; les nations, dans les manifestes par lesquels elles exposent leurs griefs et leurs prétentions, cherchent à se fonder sur ces vérités; elles en reconnaissent la suprématie; toutes tiennent à paraître les suivre et s'y soumettre; et la sanction suprême se trouve, en définitive, dans l'intérêt général, qui réunirait bientôt toutes les nations contre celle qui, en violant continuellement le droit, mettrait en danger la sécurité des autres.

3. Un des objets les plus importants de ces relations, de ces devoirs à observer de peuple à peuple, est sans contredit le territoire sur lequel chacun d'eux est établi; il y a incontestablement entre les nations, au sujet de ce territoire, des règles de conduite que trace la raison du juste; on sent que ce sont ces règles qui doivent présider aux modifications d'étendue que peuvent subir ces territoires; si la force ou d'autres causes de fait viennent seules déterminer de pareilles modifications, le sentiment moral commun en est blessé; en un mot, nous trouvons là une sorte de domaine international, de propriété d'État à État, qui a ses analogies, mais aussi ses différences avec la propriété privée.

Le but spécial de cette dissertation est de rechercher et d'exposer succinctement quels sont, d'après le droit des gens, les moyens d'acquérir cette sorte de domaine ou de propriété d'État entre les nations.

4. Les vérités de raison sur la conduite que les nations doivent tenir dans leurs rapports mutuels, sur les actes qu'elles doivent faire ou dont elles doivent s'abstenir les unes à l'égard des autres, forment la partie la plus haute de ce qu'on nomme le droit des gens ou droit international. C'est la partie rationnelle, la partie philosophique de ce droit, ce que l'on qualifiait autrefois de droit des gens naturel. Le progrès de l'esprit des nations, dans cette voie, consiste à reconnaître, à démontrer ces vérités, à en dégager de plus en plus les erreurs, les incertitudes; et la connaissance de ces vérités dans leur ensemble, telle du moins qu'il est donné à la raison humaine d'y atteindre progressivement, constitue ce que l'on peut appeler véritablement la science du droit des gens.

Dans toutes les relations des hommes, soit publiques, soit privées, cette partie rationnelle du droit forme le type supérieur, le principe dominant auquel doivent tendre sans cesse à se rallier les institutions positives; mais dans les relations de peuple à peuple, en l'absence de pouvoir législatif décrétant des règles impératives de conduite, la partie rationnelle a une puissance effective plus marquée, on s'y réfère plus fréquemment, et elle entre souvent, comme le seul guide qui existe, dans l'application. Nous devrons nécessairement y recourir en première ligne, pour l'exploration du sujet que nous nous sommes donné.

5. Cependant, précisément parce qu'elle n'est qu'une œuvre de science, la détermination de ce droit des gens rationnel ne se présente nulle part formulée avec autorité, la recherche en est abandonnée à la raison de chacun, la notion en est incertaine, ondulante et contestée comme tout ce qui tient à l'opinion des hommes; cette partie théorique est bien

loin de suffire à la conduite des affaires; il faut, pour cette conduite, une base plus apparente et plus arrêtée. Or, à défaut de loi générale promulguée, il ne reste aux nations, comme base positive, que les traités ou conventions qu'elles peuvent faire. De même qu'entre les particuliers, de même entre les peuples les conventions régulièrement formées, pour tout ce qu'il est permis de régler de cette manière, ont force obligatoire. C'est la loi particulière des contractants. De l'ensemble et de la série de ces traités entre les nations résulte pour elles une sorte de droit expressément formulé : le droit des gens ou droit international *conventionnel*. Ce droit conventionnel devra entrer, comme un second élément essentiel et positif, dans notre travail.

6. Enfin, les coutumes traditionnelles, les usages généralement observés, l'autorité des précédents historiques, constituent aussi un droit des gens *usuel* ou *coutumier*, qui n'est pas sans influence dans les relations internationales. Le publiciste philosophe peut bien s'attacher de préférence à la partie scientifique ou même s'y tenir exclusivement; mais l'homme d'État qui a la charge des affaires, tout en cherchant à introduire et à réaliser dans la pratique les améliorations, les réformations signalées d'une manière sûre par la science, est obligé, jusqu'à modification, de se conformer au droit des gens conventionnel, et de tenir compte, dans des limites convenables, de l'exemple et de l'autorité des précédents. Nous puiserons dans ces précédents historiques un troisième élément, pour la solution des problèmes que nous aurons à nous poser.

7. En lisant les traités de droit international, on a pu regretter quelquefois de ne pas y sentir les indices d'une connaissance plus nette et plus ferme des principes du droit privé; comme aussi, dans les travaux des jurisconsultes, on peut re-

gretter de ne pas voir accorder aujourd'hui une place suffisante aux études du droit international, jadis beaucoup plus en honneur parmi eux. Sans doute, il y a de grandes différences entre la constitution individuelle de l'homme et la constitution collective des nations ou des réunions d'hommes vivant et agissant collectivement ; par conséquent, de grandes différences entre les relations des uns et les relations des autres, et entre les nécessités morales de conduite qui doivent présider à ces relations, c'est-à-dire entre le droit privé et le droit international. Mais, au fond, l'homme étant toujours le point de départ, le droit privé est le point de départ du droit international ; les principes de l'un sont en germe dans les principes de l'autre ; et les différences même qui existent entre les deux, lorsqu'elles sont exactement et nettement signalées, servent à mieux déterminer et à mieux faire connaître chacun de ces droits. Nous tâcherons, dans les limites restreintes de notre faible savoir, de puiser à cette double source, du droit privé et du droit public des gens, les lumières qui nous seront nécessaires pour notre travail.

8. Avant d'en venir aux moyens d'acquérir, qui forment le sujet spécial de cette dissertation, il est quelques notions préliminaires que nous devons supposer connues, mais sur lesquelles, cependant, il ne sera pas inutile de nous expliquer brièvement.

NOTIONS PRÉLIMINAIRES.

DOMAINE INTERNATIONAL.

Ce que c'est que le domaine international, à quels objets il s'applique, et quels en sont les effets.

I.

9. Il y a bien des siècles, depuis les temps antiques jusqu'aux temps actuels, depuis Platon jusqu'à J.-J. Rousseau, avant d'en arriver aux écrivains de nos jours, que le principe de la propriété privée, celui surtout de la propriété privée territoriale, a été discuté, contesté, nié, d'une manière plus ou moins sérieuse ou hypothétique, plus ou moins calme ou véhémente. Ces discussions, qui ne sont, en des temps paisibles, que des amusements de l'imagination, ou des thèses de philosophie, d'économie politique et sociale, deviennent, dans les temps agités, et lorsque des masses croient pouvoir les traduire en faits, de terribles éléments de trouble et de bouleversement. Mais on n'a pas encore étendu ces contestations, que je sache, au droit, pour les nations, de se fixer, de s'établir sur un certain territoire et d'exiger que les autres nations les y respectent.

10. Il y a longtemps qu'on a fait remarquer que cette fixité, que cet établissement stable est une condition nécessaire au développement d'une nation, à la sustentation et au bien-être des hommes dont elle se compose, à la marche ascendante de son industrie, de son commerce, à ses progrès dans les sciences, dans les lois, dans la civilisation. L'intérêt de l'humanité en général est forcément rattaché à cet intérêt de chaque na-

tion en particulier. Des peuples qui n'auraient point de territoire fixe ne se livreraient pas, sur un sol qu'ils devraient abandonner bientôt, à des améliorations dont ils ne devraient pas profiter. Sans ces améliorations, fruits de la culture de l'homme, la terre ne pourrait suffire à nourrir ces nombreuses populations qui augmentent tous les jours; sans les travaux d'art qui dirigent les rivières, assainissent les climats, protégent les champs contre l'envahissement des eaux, créent de nouvelles voies de communication, le séjour d'une contrée ne serait pas en harmonie avec les besoins et la nature éminemment perfectible de l'humanité. Les Hurons et les Iroquois, avec des fatigues inouïes, en menant une vie misérable, fournissent à la consommation quelques fourrures; dix tribus, c'est-à-dire environ un millier d'hommes, en Arabie ou en Tartarie, végètent avec leurs troupeaux dans le même espace où, en France, cent mille cultivateurs trouvent à vivre de leur travail; et ces gens-là, à travers les siècles, sont toujours les mêmes.

Par son établissement, par son séjour, par son action quotidienne sur une terre, une nation se l'assimile et s'identifie en quelque sorte avec cette terre; elle en prend le nom ou elle lui donne le sien; elle en modifie les aspects, même les qualités; elle reçoit du climat et de la nature de la contrée des impressions qui influent sur ses penchants, sur ses idées; qui se reproduisent dans son costume, dans son langage, dans ses mœurs, dans ses arts, dans ses connaissances; et qui, se reflétant à leur tour sur le pays, finissent, au moyen de cette alliance intime des hommes et de la terre, par constituer un véritable peuple, ayant sa figure, ses allures et ses éléments particuliers.

11. La vérité de ces observations, comme choses de fait, est incontestable; mais, de ces faits, la raison humaine n'a-t-elle aucune conclusion à tirer? Sur ce territoire où un peuple, c'est-

à-dire une agrégation d'hommes vivant et agissant collectivement, se trouve établi et qui est indispensable à l'accomplissement de sa destinée, les autres agrégations peuvent-elles, aujourd'hui ou demain, de l'un ou de l'autre des points cardinaux, au gré du vent ou de la passion qui les pousse, au moyen de la pression, des tiraillements et des déchirements de la force brutale, venir disputer les établissements, violenter ou expulser les habitants, sauf à être expulsés bientôt à leur tour? Ou bien y a-t-il, relativement à ce territoire, entre les diverses nations, des nécessités morales de conduite, des actions à faire ou à ne pas faire? Si vous répondez NON, qu'est-ce que la vie entre les hommes et à quoi nous sert la raison? si vous répondez OUI, le droit de propriété entre les nations est reconnu.

12. Ce mot de propriété est emprunté au droit privé. Appliqué aux relations entre les peuples, il a quelque chose d'exceptionnel, de profondément distinct; il importe d'en bien définir le sens et la portée. Commençons, pour cela, par séparer avec précision de notre sujet quelques espèces de droits qui peuvent appartenir à un État sur son territoire, mais qui ne doivent pas être confondus avec la propriété internationale.

13. Qu'une nation, que l'être collectif qu'on appelle l'État puisse avoir des biens, des créances, des dettes, et fonctionner à l'égard de ces biens à peu près comme un autre propriétaire, c'est ce qui arrive tous les jours : soit qu'il s'agisse de numéraire, de meubles ou d'immeubles, de biens sans maître, de successions en déshérence ou de toutes autres valeurs appartenant à l'État et laissées par lui dans le commerce; soit qu'il s'agisse de biens affectés à une destination nationale, comme les édifices pour les assemblées, pour le gouvernement, pour certains services administratifs, les arsenaux, les fortifications; ou de biens abandonnés par l'État propriétaire à l'usage de tous, comme les grandes routes et les grandes rivières. Il y a

là, comme on dit, *domaine privé* ou *domaine public* de l'État, c'est une sorte de propriété de droit privé, combinée avec les prescriptions du droit public intérieur de chaque pays. Ce n'est pas la propriété entre les nations dont nous avons à nous occuper.

14. Voici une autre sorte de droit qui est dans le même cas : les anciens jurisconsultes et les publicistes le plus en crédit pour le droit des gens, Grotius, Puffendorf, Vattel, émettent la doctrine que l'État a sur les biens de ses sujets, et particulièrement sur les biens territoriaux, ce qu'ils appellent un *haut domaine* ou *domaine éminent;* et les particuliers seulement un *domaine utile.* Cette idée était puisée par eux au milieu dans lequel ils vivaient, c'est-à-dire au système des concessions féodales et au régime public né de ce système. Elle se trouve aussi, avec quelque analogie, quoique avec une origine différente, chez les Romains, au sujet du sol provincial, sol conquis, dont le domaine était au peuple, et dont les particuliers n'avaient qu'une sorte de possession ou de propriété prétorienne utile, à charge de tribut [1]. Après qu'il eût été admis en principe que le roi était le seigneur suzerain de tout le royaume, à l'époque où la couronne s'était constituée au-dessus des fiefs, et où l'État se personnifiait dans la personne du roi, cette prétention d'un domaine éminent sur tous les biens des sujets était arrivée à sa plus haute et à sa plus vigoureuse formule, comme on peut le voir dans les paroles de Louis XIV, écrivant ses instructions pour son fils [2]. C'est par suite de cette origine féodale et comme

[1] GAIUS, *Comm.*, II, § 7.

[2] « Tout ce qui se trouve dans l'étendue de nos États, de quelque nature qu'il soit, nous appartient au même titre... Les deniers qui sont dans notre cassette, ceux qui demeurent entre les mains de nos trésoriers, et *ceux que nous laissons dans le commerce de nos peuples*, doivent être par nous ménagés. Les rois sont seigneurs absolus, et ont naturellement la disposition pleine et libre de tous les biens qui sont possédés aussi bien par les gens

réaction permanente contre un tel régime, que tous les efforts faits pour arriver à la plénitude et à l'indépendance, même exagérée, même absolue, de la propriétée privée, ont été considérés par nos pères comme des luttes d'affranchissement et entourés de popularité; tandis qu'aujourd'hui certains esprits, par cela seul que la forme du gouvernement est républicaine, voudraient ressusciter, quant à la propriété, au profit de la République, des prétentions analogues à celles de la féodalité. Nous croyons que ces idées et ces expressions de domaine éminent, de domaine utile, ne sont plus en harmonie avec les doctrines et avec les faits qui doivent prévaloir. Cependant il n'en est pas moins vrai que la nation a certains droits sur les biens de ses membres. Dans l'intérieur de son territoire et de son gouvernement elle est souveraine, ce qui signifie qu'elle est le pouvoir le plus haut, et qu'aucune autorité n'est placée au-dessus d'elle. Elle a le droit de réglementer les conditions, les conséquences et les charges publiques de la propriété privée. En examinant rationnellement le sujet, on arrivera à cette conclusion : que la propriété privée, principalement celle qui a pour objet les diverses portions du territoire attribuées individuellement aux particuliers, est un droit, non pas exclusif, mais un droit destiné à fonctionner pour l'intérêt général, au moyen du ressort de l'intérêt privé; et que, dans tous les cas, sans contestation possible, la nation ou l'être collectif qui constitue l'État a, quant à tous les biens de ses nationaux, un pouvoir, un droit

d'église que par les séculiers, pour en user en tout temps... selon le besoin général de leur État. » Louis XIV, en adressant ces instructions à son fils, était sur ce point en désaccord avec le précepteur qu'il lui avait donné. Bossuet enseignait à son élève « que toute puissance, toute autorité, résident dans les mains du roi; que la nation ne fait pas corps en France; qu'elle réside tout entière dans la personne du roi; » mais il réservait en dehors de ce pouvoir absolu le droit de propriété individuelle. (Voir l'excellente dissertation de M. HENRI MARTIN, sur *la Monarchie au dix-septième siècle*, vues comparées de Louis XIV et de Bossuet, p. 67 et suiv.)

supérieur de législation, de juridiction et de contribution. Ce droit se déduit d'un rapport de la nation, comme souveraine, avec les membres qui la composent, c'est-à-dire d'un rapport de droit public intérieur. Il est renfermé, non-seulement dans les limites morales de la raison, qui est toujours intellectuellement au-dessus de tous les pouvoirs, mais encore dans les limites positives de la Constitution. Appliqué aux immeubles, ce n'est autre chose, en définitive, qu'une partie de la souveraineté territoriale intérieure. Ce n'est pas la propriété entre nations.

15. Il y a plus : ce droit de législation, de juridiction, de contribution, en un mot ce droit de souveraineté territoriale intérieure, l'État l'a non-seulement sur les biens de ses nationaux, mais même sur les biens des étrangers qu'il admet à résider et à avoir des propriétés sur son territoire. Sans doute, par suite des devoirs de protection que chaque État a envers ses nationaux, il pourra fréquemment arriver que l'exercice de ce droit amène des négociations diplomatiques avec les puissances dont dépendent ces étrangers; mais le droit n'en prend pas moins naissance dans les rapports d'une nation avec des particuliers; il n'en est pas moins une dépendance de la souveraineté intérieure. En ce qui concerne le droit international, il rentre seulement dans cette spécialité que l'on nomme aujourd'hui le *droit international privé*. Ce n'est pas encore notre droit de propriété entre les nations.

16. Pour faire surgir l'idée de cette dernière sorte de droit, il faut considérer l'État, non pas à l'intérieur, en relation avec les particuliers; mais à l'extérieur, dans ses rapports avec les autres nations au sujet du territoire sur lequel il est établi. Il faut considérer les nécessités morales d'action ou d'inaction que le droit des gens rationnel, ou conventionnel, ou coutumier, impose aux nations les unes envers les autres à l'occasion de ce territoire. Ainsi, les acteurs qui figurent dans cette sorte de

droit sont bien déterminés : ce sont des nations en rapport les unes avec les autres. Voilà pourquoi, en nommant ce droit *domaine* ou *propriété*, il est nécessaire d'ajouter à ces mots les qualifications de domaine *international*, ou propriété d'*État à État*.

17. Mais quels sont les effets de ce droit, et comment les expressions de domaine et de propriété peuvent-elles s'y adapter? Ici un recours aux notions du droit privé est indispensable.

Dans le monde, et même dans les livres d'un grand nombre d'écrivains publicistes, on prend souvent les uns pour les autres ces termes : posséder ou être propriétaire ; avoir la possession ou avoir la propriété. Cette confusion n'est pas permise à un jurisconsulte. La possession est un fait : le fait d'avoir une chose en son pouvoir, d'être à même d'en retirer les avantages, d'en écarter l'action des autres, avec l'intention de se l'approprier; ce n'est qu'une idée de puissance et de prétention. Mais l'idée de la règle de conduite, de la nécessité morale d'action ou d'inaction quant à cette chose, en un mot, l'idée de droit est dans la propriété. Ceux qui proposent pour système de substituer la possession à la propriété, proposent tout simplement de substituer le fait au droit, ou ils n'entendent rien à la valeur des mots.

18. Qu'on change les mots, si on le peut, nous le voulons bien : le langage est, après tout, chose de convention. Les Romains ont commencé par appeler le droit de propriété *mancipium*, parce qu'à leurs yeux, en ce temps-là, il s'acquérait principalement par la capture manuelle, à la pointe de la lance (*manu captum*) : c'était de la brutalité. Ils l'ont appelé ensuite *dominium*, par le motif qu'en ce temps-là ce droit ne pouvait appartenir qu'au chef de maison (*dominus*), au maître de la famille; nul autre ne pouvait être propriétaire : c'était du despotisme domestique. Puis, à mesure que ces idées acerbes se sont adoucies, que la philosophie s'est alliée à la jurisprudence, que

le droit a été ouvert graduellement et individuellement à tous, on l'a nommé, en dernier lieu, *proprietas*, pour indiquer qu'il rend la chose propre à celui à qui ce droit appartient, qu'il la lui attribue à l'exclusion des autres : c'est à ce point que nous en sommes. Ainsi, quant à la propriété privée, l'idée dominante, encore enfermée dans l'expression, c'est celle d'une attribution exclusive d'une chose à une personne (ce qu'on appelle aujourd'hui l'appropraiton), avec la nécessité morale pour tous de respecter cette attribution.

19. Quelque chose d'analogue se trouve dans l'idée rationnelle qui, considérant en leurs rapports réciproques les nations, c'est-à-dire les grandes agrégations d'hommes vivant et agissant collectivement, conduit à attribuer à chacune d'elles un certain territoire, avec nécessité morale pour toutes de respecter cette attribution. Voilà comment, à première vue, les mots de domaine ou de propriété ont pu être empruntés au droit privé, pour être appliqués à cette sorte de droit international.

20. L'idée qui nous vient tout d'abord dans le mot de propriété, pris entre particuliers, est celle de la faculté attribuée à un homme de se servir d'une chose, d'en retirer toute l'utilité, tous les produits, de la modifier et même d'en faire un emploi qui la détruise. C'était cette consommation, cette destruction par l'usage, que les Romains désignaient par les mots de *ab-usus, ab-uti*, pour indiquer que, par un tel emploi, tout usage postérieur se trouvait aboli[1], expressions dans lesquelles les personnes ignorantes des origines et des significations juridiques ont cru voir la consécration légale des usages vicieux, déraisonnables de la chose. Mais, bien qu'elle se présente la première, l'idée de cette faculté ne suffit pas pour compléter la

[1] ULPIEN, *Regularum*, tit. XXIV, § 27 : « ... Earum rerum quæ *in abusu continentur*, ut puta vini, olei, tritici... etc. »

notion du droit de propriété. Un droit n'existe que d'homme à homme; il ne consiste que dans certaines nécessités morales d'action ou d'inaction de l'un à l'autre : il ne suffit donc pas de montrer le propriétaire agissant sur la chose, il faut le montrer en relation avec autrui, il faut faire voir quelles sont les nécessités morales d'action ou d'inaction qui sont imposées aux autres hommes envers lui au sujet de cette chose, et qui constituent son droit. Ces nécessités sont toutes passives, toutes d'inertie : chacun est tenu de respecter son action légitime sur la chose, de s'abstenir d'y apporter aucun trouble, aucun obstacle. Voilà en quoi réside véritablement le droit de propriété.

21. Les jurisconsultes font remarquer que dans cette sorte de droit, il n'y a personne qui soit individuellement et spécialement obligé envers le propriétaire, comme il arrive, dans les droits de créance, entre le débiteur et le créancier; mais qu'il n'existe qu'une obligation générale, absolue, de s'abstenir, qui pèse sur tous. C'est pour cela qu'ils disent que la propriété est un droit *absolu*, par opposition aux créances, qu'ils qualifient de droits *relatifs;* ou, plus généralement, que la propriété est un droit *réel*, par opposition aux créances, qu'ils qualifient de droits *personnels*.

22. Toutes ces observations sont exactement applicables au domaine international ou propriété d'État à État. Ce droit, dans le sens que nous venons d'expliquer, est un droit absolu, un droit réel. Il ne consiste pas dans un rapport spécial de créancier et de débiteur, entre une nation et une autre; il consiste dans une obligation générale qui pèse sur toutes les nations, obligation toute passive, toute d'inertie, savoir : celle de respecter l'action de chaque peuple sur son territoire, de n'y apporter aucun trouble, aucun obstacle.

23 Or, quelle est l'action qu'un peuple, un État est appelé à exercer sur son territoire?

En ce qui concerne l'usage et l'exploitation de ce territoire, de quelque manière qu'aient lieu cet usage et cette exploitation, que la propriété privée se trouve organisée chez ce peuple sur des bases quelconques, ou même qu'on veuille y supposer un état de communauté, cela ne modifie en rien les rapports publics internationaux; toujours est-il que, considérée dans son ensemble, la nation a envers les autres nations, quant à son territoire, les droits d'un propriétaire : se servir, cultiver, retirer les fruits, modifier, disposer; et que toutes sont tenues de respecter l'action qu'elle exerce à cet effet, soit qu'elle l'exerce par des efforts individuels, soit qu'elle l'exerce par des efforts collectifs. C'est une première face du droit de propriété internationale ou propriété d'État à État, entièrement analogue à celle de la propriété privée. C'est l'idée de cette propriété généralisée et transportée de nation à nation.

Mais l'action d'un peuple sur son territoire ne se borne pas à celle d'un simple particulier sur la chose dont il a la propriété privée. Le peuple, considéré comme pouvoir souverain, a sur ce territoire une action plus haute encore : l'exercice d'un droit d'empire et de protection; d'un droit de législation, de juridiction et de contribution; d'un droit de commandement et d'administration; en un mot, d'un droit de souveraineté applicable dans toute l'étendue du territoire. Voilà encore une action que tous les autres peuples sont tenus de respecter, à laquelle ils ne doivent apporter sur le territoire dont il s'agit ni trouble, ni obstacle quelconque. C'est une seconde face du droit de domaine international ou propriété d'État à État, qui se détache et se distingue de la première.

24. Amenée à ce point, l'idée de ce domaine est bien simplifiée et elle apparaît clairement. On peut dire, en réunissant les deux aspects qu'il présente, que c'est le droit qui appartient à une nation, d'user, de prendre les produits, de disposer d'un

territoire à l'exclusion des autres nations, et d'y commander comme pouvoir souverain, indépendamment de toute puissance extérieure : droit qui emporte, pour les autres États, l'obligation corrélative de ne point mettre obstacle à l'emploi que fait de son territoire la nation propriétaire, et de ne s'arroger aucun droit de commandement sur ce même territoire.

25. La réunion de ces deux aspects est nécessaire pour donner dans toute sa plénitude l'idée de cette sorte de droit. Les mots de *domaine* et de *propriété* sont déduits principalement du premier aspect. Ceux qui ne s'attachent qu'au second voient uniquement dans ce droit la souveraineté que chaque nation a chez soi, envisagée d'une manière particulière : au point de vue de la nécessité morale où sont toutes les nations d'en respecter l'exercice; au point de vue, non pas de ses effets à l'intérieur, mais de ses effets à l'extérieur : ce qu'on pourrait appeler la souveraineté territoriale extérieure. Ce mot de *souveraineté* est emprunté au second aspect. A la rigueur, comme il exprime le pouvoir le plus haut et le plus étendu existant sur le territoire, on peut le prendre en un sens tellement large qu'on y fasse entrer aussi le droit d'usage et d'exploitation; mais toutes les fois qu'on voudra sortir de la généralité, qu'on voudra en venir à une indication précise, à une analyse exacte et qui mette en saillie séparément les idées de nature différente, il faudra montrer les deux aspects distincts sous lesquels se présente le droit de domaine international, il faudra faire sentir que c'est là un droit complexe qui opère des effets divers sous l'un et sous l'autre de ces aspects.

26. Les conséquences d'application sont faciles à tirer. C'est en vertu de ce domaine international, ou de cette souveraineté territoriale envisagée dans les relations d'État à État, qu'une nation a le droit d'interdire ou de permettre aux étrangers d'avoir des propriétés immobilières sur son territoire,

quoique l'esprit actuel des relations internationales ne comporte plus guère la rigueur de semblables restrictions; d'empêcher que les chasseurs ou les pêcheurs étrangers viennent poursuivre ou recueillir sur son territoire les produits de la chasse ou de la pêche; d'empêcher que dans le voisinage des frontières, sur les montagnes abandonnées au pâturage commun, les pasteurs des pays limitrophes viennent conduire leurs troupeaux; le droit de repousser tout envahissement quelconque de son territoire de la part d'un autre État, de refuser l'entrée ou le passage sur ses terres à toute force étrangère; d'empêcher tout acte d'hostilité entre belligérants dans l'intérieur de ses frontières, si quelque partie de troupes s'y est réfugiée, et d'exiger que ces troupes mettent bas les armes, ou même qu'elles se retirent; de s'opposer à la poursuite par une autre puissance de tout criminel ou de tout réfugié du moment qu'il a franchi ses limites : ce qui donne lieu à la nécessité de recourir aux réquisitions préalables et à l'extradition; de refuser, si elle le juge convenable, le cours aux monnaies ou papiers étrangers dans les terres de son domaine, ou de repousser les marchandises étrangères; de ne souffrir aucun exercice de police ou de juridiction, aucun acte de commandement ou de législation, aucune levée d'impôt, en un mot, aucune usurpation, aucun empiétement, aucun obstacle, ou aucun trouble en tout ce qui touche à ses droits de souveraineté sur son territoire[1].

[1] Le rapprochement entre le domaine et l'empire ou souveraineté, envisagés à l'extérieur, n'a pas échappé à Vattel : « Le domaine général de la nation sur les terres qu'elle habite, écrit cet auteur, est naturellement lié avec l'empire; car, en s'établissant dans un pays vacant, la nation ne prétend pas sans doute y dépendre d'aucune autre puissance : et comment une nation indépendante ne commanderait-elle pas chez elle?... comment se gouvernerait-elle à son gré dans le pays qu'elle habite, si elle ne pouvait en disposer pleinement et absolument?... Et comment aurait-elle le domaine plein et absolu d'un lieu dans lequel elle ne commanderait pas? » (VATTEL, *Droit des gens*, § 83.)

27. En résumé, on voit que ces mots, domaine international, propriété d'État à État, souveraineté territoriale extérieure, et même indépendance des nations, quand on envisage cette indépendance par rapport au territoire, concourent pour exprimer une même idée complexe, celle de l'espèce de droit international dont nous nous occupons. La souveraineté, l'indépendance des nations embrassent d'autres objets et s'étendent en plusieurs occasions au delà du territoire : ainsi, un peuple exerce sa souveraineté extérieure en formant des alliances, en contractant envers les autres peuples des engagements, de ces sortes d'obligations qui correspondent, en droit privé, aux idées de dette et de créance; sa souveraineté intérieure suit la personne de ses nationaux même au delà de ses frontières, elle règle leur capacité, elle peut les rendre responsables et leur demander compte, dans certaines limites, devant ses juridictions, de leurs actes commis au dehors; de même, les peuples sont indépendants les uns des autres partout. Dans les idées de domaine international, de propriété d'État à État, ce n'est donc pas la souveraineté extérieure, l'indépendance des nations dans toute leur sphère que l'on comprend, mais seulement cette souveraineté, cette indépendance considérées en tout ce qui concerne le territoire.

28. En matière de propriété privée, le principe étant démontré et mis hors de controverse, on conçoit que la science soit appelée utilement à discuter sur des détails d'organisation : principalement, sur les objets auxquels ce droit peut ou ne peut pas s'appliquer, sur les effets qu'il doit produire, sur les moyens qui doivent servir à l'acquérir, sur les événements qui doivent le faire perdre; et qu'elle puisse, sur tous ces points, avec le temps, amener des améliorations dans le cours des idées et dans les institutions positives. On a bien vu le droit de propriété appliqué à des hommes, à des charges de judicature,

à des régiments! On l'a bien vu conférant des droits de vie et de mort, des assujettissements et des services personnels! on l'a bien vu acquis par des priviléges d'aînesse et de masculinité, perdu par des confiscations générales! Les institutions sont destinées au progrès sur tous ces points; et c'est à la science de bonne foi à préparer et à déterminer ces progrès par les vérités qu'elle découvre et qu'elle met en lumière.

Les mêmes problèmes peuvent être posés et demandent à être résolus au sujet du domaine international ou propriété d'État à État.

II.

29. Le premier de ces problèmes est de déterminer à quelles sortes de biens peut s'appliquer un pareil droit.

30. De même que la nation se forme de la réunion des différents citoyens, de même la richesse nationale se compose de l'ensemble des biens de chaque citoyen; cette richesse comprend donc, non-seulement les immeubles que les citoyens peuvent avoir à l'intérieur, mais encore les immeubles qu'ils peuvent avoir en pays étranger, leurs biens meubles, leurs créances; et cela est tellement exact, que, dans les usages du droit des gens, tous ces biens répondent, envers l'étranger, des dettes de la nation, comme étant biens de la nation.

Cependant l'idée de domaine international ne saurait s'appliquer à ces immeubles situés en pays étranger.

La souveraineté que chaque État exerce dans la circonscription de son territoire est limitée au dehors par la souveraineté des autres États. Par la même raison que nul peuple ne peut s'arroger chez elle aucune portion de cette souveraineté, une nation ne peut s'en arroger pareillement aucune partie sur le territoire d'aucun autre peuple. Il suit de là que, de même qu'elle a sous son empire et par conséquent dans son domaine international les immeubles qui appartiennent à des étrangers sur son territoire, de même les immeubles que ses nationaux ont en pays étranger, bien que faisant partie, sous certains rapports, de sa richesse nationale, sont soumis à l'empire et par conséquent sont compris dans le domaine international de la nation sur le territoire de laquelle ils se trouvent. — « C'est ainsi, dit Vattel parlant du prince comme exerçant la souveraineté, que plusieurs souverains ont des fiefs et d'autres biens dans les terres d'un autre prince; ils les possèdent alors à la manière des particuliers[1]. »

31. On sait qu'il fut une époque où quelques nations prétendirent que certaines portions de la pleine mer pouvaient être pour elles l'objet d'une propriété d'État à État. Ces prétentions, discutées autrefois entre les plus célèbres publicistes de l'Europe, sont aujourd'hui jugées, et la question peut être considérée comme résolue.

Grotius, dans son *Mare liberum*, publié en 1609, soutint le principe de la liberté des mers contre les Portugais et les Espagnols, qui contestaient aux Hollandais le droit de naviguer dans les mers de la Guinée et des Indes orientales.

L'Angleterre s'éleva contre cette théorie, et réclama la souveraineté des mers britanniques par l'organe d'Albericus Gentilis, dans son *Advocatio hispanica*, en 1613, et par Selden, dans son *Mare clausum*, qui fut publié en 1635.

Paul Sarpi, le célèbre historien du concile de Trente, réclama pour la république de Venise la souveraineté de l'Adriatique.

Bynkershoek examina cette question dans sa dissertation *De dominio maris;* il reconnaît que certaines parties de la mer peuvent être susceptibles de propriété, et s'il repousse les pré-

[1] VATTEL, *Droit des gens*, § 83.

tentions de l'Angleterre sur les mers britanniques, c'est par le motif que ces prétentions ne lui paraissent pas appuyées sur une possession non interrompue. Du reste, il affirme qu'au moment où il écrit, il n'existe aucune partie de la mer qui soit soumise à la propriété d'un souverain, si ce n'est lorsqu'il est maître de toutes les terres environnantes.

Puffendorf admet également que le domaine d'une mer intérieure appartient aux souverains des terres qui l'entourent, mais il s'élève avec indignation contre l'idée qu'un peuple pourrait s'approprier la pleine mer.

Vattel embrasse également le principe de la liberté des mers, quoiqu'il admette que le non-usage de certaines mers par un peuple, en considération d'un autre peuple, quand les circonstances donnent à ce non-usage le caractère d'un consentement tacite, puisse servir à fonder un droit exclusif de navigation en faveur de ce dernier peuple à l'égard de l'autre.

32. Sans entrer dans le détail de tous les arguments qui ont été émis et réfutés tour à tour par les différents publicistes dans cette discussion, nous les résumerons en deux principes qui dominent la matière :

33. Bien qu'il y ait une grande différence entre le droit de propriété et le fait de la possession, cependant pour qu'une chose soit susceptible d'appropriation, c'est-à-dire susceptible de devenir l'objet d'un droit de propriété, il faut qu'elle soit susceptible d'être possédée, c'est-à-dire qu'il soit possible à l'homme de l'avoir de fait en sa puissance, à sa disposition. En effet, le but final, le but utile du droit de propriété, est d'exercer sur la chose des actes de puissance et de libre disposition ; il faut donc pour que ce droit puisse exister que ces actes de fait soient possibles.

Or, il est physiquement impossible à qui que ce soit, homme ou nation, d'avoir la pleine mer en sa puissance, à sa disposition; il est impossible d'imprimer sur ses vagues la moindre marque d'une possession continue; par conséquent il est impossible qu'elle soit l'objet d'un droit de propriété.

34. Mais cette première raison manquât-elle, et la mer fût-elle, de fait, physiquement susceptible de possession, une raison d'une autre nature viendrait encore mettre obstacle à ce que la propriété en pût appartenir à qui que ce fût, homme ou nation.

Le droit, pour un peuple, d'user seul d'une chose, la faculté d'en exclure les autres nations, est, de même que la propriété privée, un droit destiné à fonctionner pour l'intérêt de l'humanité en général, au moyen de l'intérêt particulier. Ce droit ne peut donc pas se rencontrer lorsque l'intérêt spécial du peuple qui voudrait se l'attribuer se trouve en contradiction avec un des grands intérêts des nations en général.

35. « Je dirai là-dessus, dit Puffendorf, qu'à la vérité il est permis aux hommes de s'emparer des choses qui n'appartiennent à personne, et de se les approprier; mais ils doivent se souvenir en même temps, que Dieu a donné le monde à tout le genre humain, et que les hommes sont naturellement égaux..... Les vents n'ont pas plus de peine à pousser toutes les flottes du monde qu'à faire aller un seul vaisseau. Quand un vaisseau a passé par un endroit, la route n'en est pas moins commode pour ceux qui viennent après; et plusieurs peuvent faire voile en même temps, sans s'incommoder en aucune manière les uns les autres. Pour avoir voyagé dans un lieu, on n'en est pas le maître, et on n'a pas le droit d'en chasser les autres. Il faut être bien impudent pour oser dire que, chacun devant travailler à son propre intérêt, un peuple peut fort bien fermer à tous les autres la route de l'Océan, pour s'emparer à lui seul de tout le profit de la navigation : comme si, pour assouvir son avarice insatiable, il était en droit d'incommoder tous les autres par un

monopole très-injuste, ou comme si ceux-ci devaient subir volontairement le joug, pour satisfaire l'ambition démesurée d'un souverain qui aspire à l'empire de l'univers[1]. »

36. Qu'il me soit permis, à ce sujet, de citer les paroles de M. Théodore Ortolan, dans son ouvrage intitulé *Diplomatie de la mer :*

« De même que l'air est indispensable à la vie matérielle de l'humanité, de même les mers sont un élément nécessaire au développement complet de sa destinée morale; l'association, la communication des uns aux autres est une loi de la nature humaine, aussi essentielle dans l'ordre moral que la respiration peut l'être dans l'ordre physique. Qui pourrait avoir le droit de mettre son veto à l'accomplissement de cette loi divine? Quel est le peuple qui, en eût-il la possibilité physique, aurait le droit de prendre comme sa propriété exclusive l'élément jeté partout, autour des terres, pour unir, de tous les points du monde, les hommes et les nations[2]? »

37. Mais s'il est démontré, par les deux motifs que nous venons d'exposer, que la mer n'est pas susceptible d'appropriation, d'un autre côté on démontre d'une manière non moins invincible, qu'aucune nation ne peut prétendre y exercer un droit de commandement à l'égard des autres : il faudrait, pour qu'elle le pût, que cette nation se prétendît le supérieur des autres, ce qui serait contraire au principe fondamental de l'indépendance et de l'égalité des nations.

38. Ainsi, la pleine mer n'est susceptible ni de propriété, ni d'empire de la part d'une nation à l'égard des autres; c'est-à-dire que l'idée du domaine international, ou propriété d'État à État ne peut s'y appliquer.

[1] PUFFENDORF, *Droit de la nature et des gens*, liv. IV, ch. V, § 9.

[2] M. THÉODORE ORTOLAN, *Diplomatie de la mer*, t. I, liv. II, ch. VII, p. 126.

39. Le même raisonnement ne serait pas exact quant aux parties plus restreintes de la mer, telles que les ports et les rades, les golfes et les baies, les mers intérieures, ou celles qui sont enclavées dans les terres : c'est ce qui forme le territoire maritime d'une nation ; l'usage y ajoute l'étendue d'une portée de canon le long des côtes, à partir du rivage, c'est-à-dire une lieue marine.

Dans ces limites, la nation exerce une possession réelle et permanente, elle est à même d'éloigner toute action étrangère ; l'impossibilité physique n'existe donc pas. On comprend du reste l'intérêt légitime d'un État à l'appropriation de ces portions de mers, voisines de son territoire, et indispensables pour l'existence même de sa navigation ; appropriation qui doit être réglée toutefois de manière à n'apporter aucun obstacle aux nécessités du commerce et de la libre communication des autres peuples.

40. Il n'en est pas toujours de même des détroits. « Les détroits sont des passages pour communiquer d'une mer à l'autre. Si l'usage de ces mers est libre, la communication doit l'être également ; car autrement la liberté de ces mêmes mers ne serait qu'une chimère [1]. » Ce qui n'empêche pas la nation voisine du détroit d'user de certaines précautions pour garantir sa propre sûreté. Elle peut encore, comme indemnité, lever un droit modique sur les vaisseaux qui passent, lorsqu'elle entretient des feux, balises, ou pilotes pour la sûreté des navigateurs. C'est en se fondant sur ce principe, que le roi de Danemarck exerce un droit de surveillance et perçoit un droit de péage sur les vaisseaux qui traversent le Sund.

41. Le droit de propriété des nations s'applique encore aux fleuves et aux lacs qui sont compris entièrement dans leur territoire ; il s'applique à ceux qui coulent d'un État à un autre,

[1] GÉRARD DE RAYNEVAL, *Inst. du Droit de la Nature et des Gens*, liv. II, chap. IX, § 7.

pour la partie traversant le domaine de la nation ; et aux fleuves limitrophes, pour une certaine portion fixée par l'usage ou par les traités.

III.

42. L'idée dominante enfermée dans le mot de propriété est celle d'une attribution exclusive au profit du propriétaire. Toutefois, dans la détermination des effets de la propriété, soit par la raison pure, soit par les institutions positives, il ne faut pas oublier que ce droit, appliqué surtout à la terre, est destiné, comme nous l'avons dit, à fonctionner pour l'intérêt général, au moyen du ressort de l'intérêt privé, et que les effets qu'on y attache ne doivent pas être en opposition avec cette destination générale. Dans le droit international principalement, où, à défaut de loi positive, les principes rationnels ont plus d'empire, il est tenu compte de cette observation au sujet de la propriété d'État à État. Ainsi, le droit exclusif que donne cette propriété à l'usage d'un territoire est limité, dans son application, par les droits que les écrivains publicistes appellent : droit d'innocent usage et droit de nécessité.

43. On comprend, en effet, que lorsqu'il n'y a pas d'intérêt suffisant pour une nation à exclure les autres nations de l'usage, souvent très-important, de certaines parties du territoire, il n'y ait pas de fondement légitime au droit de leur refuser cet usage. Ceci s'applique principalement aux fleuves qui traversent le territoire d'une nation et coulent d'un État étranger à la mer ou à un État voisin, et qui servent ainsi de grandes voies de communication. Bien que la nation dont ils traversent les terres en soit propriétaire pendant tout ce trajet, elle ne pourrait pas refuser le droit de navigation aux différents peuples qui en bordent les rivages, et qui ont à cette navigation un intérêt si puissant.

44. C'est d'après ces principes que la navigation des grandes rivières de l'Europe a été réglée en 1815, dans le traité de Vienne; traité par lequel le cours des fleuves qui séparent les différents États, ou qui traversent leurs territoires respectifs, est déclaré entièrement libre, depuis le point où ces fleuves commencent à devenir navigables jusqu'à la mer[1].

Ces principes furent confirmés par la convention conclue à Mayence le 31 mai 1831, entre les différentes puissances riveraines du Rhin, au sujet duquel s'était élevée une difficulté.

45. C'est encore par suite des mêmes principes qu'une nation ne pourrait pas refuser l'entrée de ses ports et de ses rades aux vaisseaux d'une autre nation, ou leur interdire la navigation en deçà de la ligne de respect, sans faire injure à cette nation. Ce qui n'empêche pas que, par mesure de prudence, un État ne limite quelquefois dans ses traités avec les États étrangers le nombre de leurs vaisseaux de guerre qui pourront stationner à la fois dans les ports de la nation.

46. Si l'on comprend l'obligation pour un État de respecter le droit d'usage des autres nations sur certaines parties de sa propriété, en vue d'un but d'utilité générale, comment pourrait-on refuser ce même usage dans un cas d'absolue nécessité? Quelle est, par exemple, la nation qui pourrait fermer ses ports à un vaisseau battu par la tempête? Par la même raison, un pays, enclavé de toutes parts, aurait certainement le droit d'exiger un droit de passage des pays environnants.

47. Du reste, ces droits d'usage innocent ou de nécessité sont dans la classe de ceux que les écrivains sur le droit des gens appellent droits imparfaits. C'est-à-dire qu'ils ne peuvent être exercés que du consentement de la nation envers laquelle

[1] Voyez les règlements pour la libre navigation des rivières, et les articles concernant la navigation du Rhin, conclus pendant la durée du congrès de 1815.

on les requiert; cette nation ayant le domaine des lieux sur lesquels ces droits doivent être exercés y conserve son droit de souveraineté et de juridiction, et la manière d'user de ces droits doit être fixée par des traités qui règlent les convenances réciproques. Mais le refus absolu de l'exercice de ces droits pourrait donner lieu à une guerre légitime de la part de la nation offensée.

IV.

48. Le droit de propriété d'État à État, qui est une partie un fractionnement de la souveraineté extérieure, appartient à cette même puissance à laquelle appartient la souveraineté extérieure, c'est-à-dire à la nation. Les divisions, les fractions de la nation ne peuvent pas être considérées comme ayant ce droit en partie; les provinces d'un même État ne pourraient pas aliéner leur territoire ou en acquérir de nouveau, elles ne sont pas une personne morale ayant une souveraineté indépendante de l'État dont elles font partie.

49. Mais sous le régime de la féodalité, dans lequel la souveraineté était fractionnée, en certaines limites, entre les différents vassaux, le droit de propriété d'État à État se trouvait fractionné comme la souveraineté elle-même.

Dans un système où chaque subdivision du territoire n'était pas immédiatement soumise à l'autorité qui représentait la nation, mais où chaque partie formait un petit État qui ne se reliait à la grande nation que par une chaîne de puissances intermédiaires, du vassal, en remontant successivement à chaque seigneur suzerain, le droit de propriété internationale subissait l'influence de ce fractionnement. Les seigneuries, entre elles, pouvaient s'agrandir ou se diminuer, vendre, acheter, céder, léguer leurs territoires; il y avait donc là comme une image en petit du droit de propriété internationale pour chaque seigneur sur sa terre, de même qu'il y avait un fractionnement de la souveraineté. Cependant, il faut le remarquer, chaque seigneur était soumis au suzerain immédiatement supérieur, et à mesure qu'il fut admis que le roi était le grand seigneur fieffeux de tout le royaume, et que l'idée de l'unité de la nation se fut fortifiée, ils finirent par se relier tous en définitive au roi, comme représentant de cette unité; chaque vassal pouvait, dans certains cas, ainsi que ses sujets, être justiciable de l'autorité du suzerain, soit pour la justice ordinaire, soit relativement aux aliénations de territoires; il n'aurait pas pu se rendre vassal d'un autre suzerain, et faire passer sa terre d'un royaume à un autre en en faisant l'hommage à un souverain étranger; ainsi, le droit de propriété internationale, le droit suprême de retirer toute utilité du territoire et d'y commander souverainement, n'appartenait en son entier, et malgré ces fractionnements, qu'à l'ensemble de la nation, représentée dans la personne du roi.

50. Le système féodal a disparu; mais il reste cependant quelque chose d'analogue quant à la souveraineté des nations, et par conséquent quant à la propriété d'État à État.

Puisque ce droit ne peut appartenir dans son entier qu'à la puissance à laquelle appartient le pouvoir souverain, lorsqu'un État a restreint son indépendance, il a restreint en même temps son droit de propriété internationale.

Dans la confédération germanique, par exemple, telle qu'elle était constituée par l'acte de Vienne de 1815, les différents États se trouvant engagés à soumettre leurs différends à la diète, à ne point faire de traités avec les puissances extérieures auxquelles la confédération aurait déclaré la guerre [1], et

[1] Acte pour la constitution fédérative de l'Allemagne, signé à Vienne, le 8 juin 1815.

ayant ainsi renoncé à une partie de leur indépendance, chacun de ces États avait aliéné, dans les mêmes proportions, son droit de propriété internationale.

Il en faut dire autant des cantons suisses, dans la limite des dispositions de leur pacte fédéral.

Les différents États de l'Union américaine, qui n'exercent sur leur territoire qu'un pouvoir secondaire, le pouvoir suprême appartenant à l'Union, ne pourraient, en aucune manière, traiter de ce territoire pour leur propre compte.

Les Iles Ioniennes, soumises au protectorat de l'Angleterre, ne peuvent agir extérieurement que par l'intermédiaire de cette puissance[1].

Les principautés de Moldavie, de Valachie et de Servie, placées à la fois sous la suzeraineté de la Porte et sous le protectorat de la Russie, ne sont pas investies non plus de la plénitude du droit de domaine international[2]. L'Égypte, reliée à la Porte par une sorte de féodalité, se trouve dans le même cas[3]; et des exemples semblables peuvent être puisés généralement dans les divers cas de protectorat, suivant les termes des traités par lesquels ces protectorats sont établis.

51. Ainsi le droit de propriété d'État à État proprement dit, c'est-à-dire le pouvoir suprême de disposer d'un territoire, et d'y commander indépendamment de toute puissance extérieure, n'appartient dans son entier qu'aux États souverains ; quant aux États mi-souverains, ou à ceux qui sont placés sous la tutelle d'une puissance supérieure, ce droit appartient collecti-

[1] Convention signée à Paris, en 1815, entre la Russie, l'Autriche, la Prusse et l'Angleterre. (MARTENS, *Nouveau recueil*, t. II, p. 663.)

[2] Traités entre la Porte et la Russie, confirmés par celui d'Andrinople en 1829. (MARTENS, *Nouveau recueil*, t. VIII, p. 143.)

[3] Convention signée à Londres, le 15 juillet 1840, entre l'Autriche, la Grande-Bretagne, la Prusse et la Russie, avec accession de la Porte.

vement à l'ensemble d'États qui sont réunis par une confédération ou liés par un protectorat ; chacun d'eux séparément n'a qu'une fraction de ce droit, fraction plus ou moins considérable, selon qu'il a conservé une plus ou moins grande partie de sa souveraineté.

52. Nous avons pris souvent pour base de nos raisonnements, dans ces notions préliminaires, cette vérité, que la nation est souveraine : tous les écrivains qui traitent du droit des gens, même sous les gouvernements les plus absolus, en disent autant; c'est un des principes fondamentaux de ce droit. La science rationnelle prend ce principe à la lettre, et par nation elle entend l'universalité des citoyens. Mais, en fait, dans la pratique des affaires internationales positives, les relations s'établissent entre les États quelle que soit la forme intérieure de leur gouvernement, et sont régies par les mêmes règles. Qu'il s'agisse de monarchies à pouvoir illimité, de monarchies constitutionnelles ou de républiques, le droit entre les peuples ne change pas, et ce que nous avons dit du domaine international ou propriété d'État à État demeure également applicable. L'être collectif que l'on nomme nation, avec ses droits, sa souveraineté, son indépendance, reste, au besoin, en idéal, pour le raisonnement, comme une abstraction; et quant à l'exercice de ces droits, on considère le pouvoir chargé d'agir, suivant la nature des institutions quelles qu'elles soient : celui qu'on appelle, en fait, le Souverain, comme on disait autrefois même en parlant des princes, et comme on dit encore dans les États où le prince résume en lui les pouvoirs de la souveraineté.

TITRE PREMIER.

ACQUISITION DU DOMAINE INTERNATIONAL
DE TERRITOIRES N'APPARTENANT A PERSONNE.

CHAPITRE PREMIER.

LE TRAVAIL D'APPROPRIATION.

Ce que c'est que l'occupation.—Elle contient en soi le travail.—La propriété est acquise dès qu'elle a eu lieu.

I.

53. Il est facile de démontrer comment c'est un instinct, c'est-à-dire une impulsion native, impérieuse, même irréfléchie, qui pousse l'homme à s'emparer des choses de la création, à se les attribuer, à les tourner à ses usages et à ses besoins. Cet instinct a pour but la conservation, le bien-être et le perfectionnement de l'homme. L'activité est employée à le satisfaire. La raison, corrigeant et réprimant les exagérations de l'instinct, mettant en balance ceux des uns avec ceux des autres, et sanctionnant ce qu'elle y trouve de légitime, en déduit l'idée de la règle de conduite des hommes entre eux, c'est-à-dire l'idée du droit, l'idée de propriété. Les animaux ont l'instinct, mais le droit n'existe qu'entre les hommes, la raison humaine seule s'élève à cette hauteur.

54. Dans la manière dont le phénomène s'accomplit, on vot que le premier titre, la première cause acquisitive du droit de propriété, c'est l'emploi des forces, l'emploi de l'activité physique ou intellectuelle de l'homme à se procurer les objets nécessaires ou utiles, c'est-à-dire le travail. Tous les modes d'acquérir doivent se ramener à celui-là. Chacun aujourd'hui, économistes, publicistes, jurisconsultes, reconnaît ce principe.

que le travail est le fondement rationnel de la propriété[1]. Vraie pour la propriété individuelle, cette proposition l'est aussi pour la propriété d'État à État; nous aurons à en faire l'application.

Peut-être, dans la langue et dans les formules de la jurisprudence, cette cause fondamentale d'acquisition, le travail, n'est-elle pas mise suffisamment en saillie; elle y existe cependant, mais l'idée se cache et disparaît presque sous les mots techniques qui la renferment. Il est facile de l'en faire sortir.

55. On distingue, dans la science du droit, deux situations bien différentes : celle où il s'agit d'acquérir la propriété de choses qui ne sont pas encore tombées dans le domaine de l'homme ou qui ont cessé d'y être, choses que les Romains appelaient *res nullius*; et celle où il s'agit de transférer d'une personne à une autre un droit de propriété déjà existant. Les moyens de cette acquisition première sont nommés par les jurisconsultes *moyens originaires, moyens primitifs* d'acquérir, et les moyens de cette translation, *moyens dérivés*. Établie au sujet de la propriété privée, cette distinction se présente aussi quant à la propriété internationale. Nous croyons qu'il n'existe, en réalité, qu'un seul et véritable moyen originaire d'acquérir, celui que les jurisconsultes nomment l'*occupation*[2].

56. Qu'un homme parvienne à prendre, de fait, en son pou-

[1] J.-B. Say, *Cours complet*, quatrième partie, chap. II. — Ch. Comte, *Traité de la propriété*, ch. IV et suiv., et ch. LIV, 2 vol. in-8°, 1834. — Thiers, *De la propriété*, ch. V. — Troplong, *De la propriété d'après le Code civil.*

[2] Voir en général sur l'occupation en droit des gens : Grotius, *Droit de la guerre et de la paix*, liv. II, ch. III. — Puffendorf, *Droit de la nature et des gens*, liv. IV, ch. IV, V et VI. — Vattel, *Droit des gens*, liv. I, ch. XVIII. — Moser's *Versuch*, 5 Buch., 9 Cap. — Martens, *Précis du droit des gens moderne*, liv. II, ch. I. — Schmaltz, *Droit des gens européen*, l. IV, ch. I. — Kluebër, *Droit des gens moderne de l'Europe*, § 125 et 126. — Weathon, *Eléments de droit international*, t. I, deuxième partie, ch. IV, § 5. — Hefter, *Das Europæische Vœlkerrecht der Gegenwart*, § 70.

voir, en sa puissance, une chose qui n'appartient à personne, de manière à se trouver en état d'exercer sur elle son action, d'en user et de l'employer à sa convenance; qu'il joigne à ce fait de puissance une intention : non pas l'intention d'une curiosité, d'un examen, d'une détention passagère, mais l'intention de s'approprier cette chose et de l'avoir à soi : telle est l'occupation; en termes techniques, la prise de possession d'une chose n'appartenant à personne. Cette occupation donne la propriété.

57. Mais qu'est-ce autre chose, si ce n'est le résultat de l'activité de l'homme, d'un emploi de ses forces, de son adresse, de son intelligence, en un mot le résultat d'un travail? Pour arriver à ce résultat, il faut des instruments, des fatigues, des pertes de temps. Tout n'est pas plaisir dans la chasse, surtout pour celui qui en fait son moyen d'existence; le métier de pêcheur est un rude métier; plus rude encore celui de pêcheur de perles et de corail; les navires qui vont chercher sur les îlots et sur les rochers de l'Océan leur cargaison de guano affrontent la tempête, les armateurs y ont mis leurs capitaux, les marins leur robuste et pénible labeur; il en est de même de ceux qui vont, dans les mers du Groënland ou sur le banc de Terre-Neuve, à la poursuite de la baleine ou de la morue. Qu'on ne nous parle pas de choses s'offrant à nous comme d'elles-mêmes, sans peine et sans recherche de notre part, de telle sorte qu'il n'y ait qu'à se baisser vers la terre ou à lever la main vers la branche pour s'en emparer. Nous n'en sommes plus là; de tels faits, s'ils se produisent, ne sont que des coups de hasard. Encore, peu ou beaucoup, y a-t-il toujours dans ces faits un emploi de l'activité de l'homme, c'est-à-dire un travail : c'est un travail que de récolter et de serrer les fruits, que de faucher, de faire sécher et de rentrer les foins, que de couper, de battre et de mettre les blés au grenier; appliqué à des choses qui

n'ont point de maître et qui sont venues par les seules forces de la nature, ce travail est tout celui qu'exigent ces choses pour que l'homme soit à même d'en profiter. Ainsi, et pour tous les cas, dans l'occupation il y a un travail; la propriété, qui vient à la suite, n'est qu'une récompense de ce travail.

58. En fait d'immeubles n'appartenant encore à personne, il y a deux séries de travaux à distinguer : ceux qui sont nécessaires pour le transport sur les lieux, pour l'installation, pour l'établissement, en un mot, pour la prise de possession; et ceux qui viennent ensuite et qui servent au défrichement, à la culture, à l'exploitation, à l'amélioration du sol. Ce sont les premiers qui constituent à eux seuls l'occupation, et la propriété est acquise dès qu'ils ont eu lieu. Sans doute, plus l'homme séjourne sur le champ, le remue et le cultive, y verse de ses sueurs, de ses ressources, de sa vie : plus on peut dire qu'il cimente son union avec ce champ, qu'il se l'identifie, qu'il en consolide et en rend respectable la propriété; mais cette propriété existe du jour de l'occupation. C'est là ce qu'il faut justifier en raison. Bentham cherche à le faire par son analyse utilitaire de la balance des peines et des plaisirs [1]; les économistes ne se dissimulent pas qu'il y a en cela une attribution individuelle d'une portion de chose limitée, qui ne se reproduit pas, qui n'est pas en quantité suffisante pour que tous en aient leur part, et dont l'appropriation forme une sorte de monopole entre les mains des détenteurs, mais ils font voir la nécessité et les conséquences utiles de ce monopole; d'autres remontent à la nature de l'homme et de la société : c'est toute la question de la propriété territoriale. En somme, nous dirons que les premiers travaux ne sont faits qu'en vue des seconds; que

[1] J. Bentham, *Traités de législation civile et pénale*, principes du Code civil, deuxième partie, ch. I.

ceux-ci ne seraient pas possibles sans les premiers, et que, réciproquement, les premiers n'auraient pas lieu s'ils n'avaient pour conséquence de garantir la possibilité ultérieure et paisible des seconds, de telle sorte qu'il y a un lien indissoluble entre les uns et les autres, et que, dès les premiers, l'appropriation doit être opérée, afin que les autres viennent ensuite. C'est toujours le travail, tel que la nature de l'homme et de la terre le comporte, qui produit ses justes résultats. Nous ajouterons enfin que ce qui paraît une attribution exclusive tourne, au contraire, à l'avantage de tous, et n'est qu'un moyen de pourvoir au bien général en faisant fonctionner les efforts et les intérêts individuels.

59. Du reste, l'occupation privée n'a plus guère occasion aujourd'hui de s'appliquer au sol. Même en Amérique, les terres que vont défricher et cultiver les colons leur sont vendues, à si bas prix que ce soit, ou données par le gouvernement du pays ; il y a concession, et non pas première occupation. Ce que nous venons de dire de ce moyen d'acquérir la terre, en ce qui touche la propriété privée, n'existe, pour ainsi dire, qu'en théorie, ou bien en se reportant à des époques primitives dont on ne parle que par conjecture.

Mais s'il s'agit de nations agissant collectivement, s'il s'agit de propriété d'État à État quant au territoire, le droit d'occupation existe-t-il comme moyen d'acquérir ce territoire, peut-il recevoir encore des applications pratiques aujourd'hui, et quelles en sont les conditions ?

60. Les agrégations, les agglomérations d'hommes commencent à se développer et à se former en corps de nation plus ou moins considérables dans les contrées où Dieu les a fait naître ; il y a là comme une destination réciproque et providentielle entre la terre et la population. M. Charles Comte, dans son *Traité de la propriété*, a un chapitre plein d'observations

judicieuses sur les limites naturelles du territoire propre à chaque nation. Il fait voir comment les mers, les larges cours d'eau, les longues chaînes de hautes montagnes sont des limites qui arrêtent et séparent naturellement les masses de population ; comment les bassins territoriaux forment, pour ainsi dire, le berceau d'associations distinctes ; comment les divisions en peuples ou États sont d'abord restreintes dans ces limites, et par conséquent multiples ; comment le cours des siècles et le progrès de l'industrie humaine, apprenant à franchir les obstacles, à transformer quelques-uns d'entre eux en grandes voies de communication, tendent à rapprocher de plus en plus entre elles ces divisions, et à les fondre, à les unir en de grandes nationalités. Une certaine force d'expansion, un esprit aventureux d'émigration, agissent aussi sur l'humanité, déplacent à certaines époques des courants d'hommes, et forment comme une loi naturelle qui tend à équilibrer, sur la surface du globe, la population avec l'espace. Dans ces mouvements, l'occupation, au sujet du sol qu'aucune nation ne s'est encore approprié, trouve à produire ses effets.

61. Les territoires de l'Europe ont été appropriés à chaque nation à la suite de révolutions successives, dans lesquelles la force, puis la marche lente et logique des événements ont eu plus d'influence que le droit. L'invasion des peuples du Nord dans le monde romain; plus tard, la réunion des différentes petites puissances de la féodalité en États plus forts et moins nombreux, sont, dans ce travail, les deux faits principaux. Pendant ce long espace de temps, et depuis, des transformations diverses, des traités nombreux se sont succédé, et ont fini par constituer le territoire des États actuels. Il serait inutile de discuter sur la légitimité des premières occupations qui se rencontrent à l'origine de ces États ; et, quant à des occupations nouvelles, voici bien des siècles que l'Europe n'offre plus

aux peuples aucun espace vacant auquel elles pussent s'appliquer. Mais lorsque Vasco-Gama eut ouvert une nouvelle route pour aller aux Indes, après, surtout, la découverte du Nouveau-Monde par Christophe Colomb, les nations européennes se sont précipitées, comme sur une proie, sur ces pays nouveaux, où elles croyaient puiser de si grandes richesses. Les découvertes, les prises de possession qui s'accomplirent alors ont soulevé entre les peuples des questions importantes sur les conditions de légitimité et sur les effets d'une première occupation territoriale; des intérêts actuels se rattachent encore à ces controverses; les découvertes qui ont été faites depuis celles qui peuvent avoir lieu encore en offrent ou peuvent en offrir de nouvelles applications. Il est nécessaire que, dans le droit international rationnel, comme dans le droit internationa positif, les principes soient bien assis à cet égard.

II.

62. Lorsque les Portugais eurent doublé les premiers le cap de Bonne-Espérance, ils prétendirent au droit de naviguer seuls dans ces mers nouvelles, dont ils venaient d'ouvrir la connaissance à l'ancien monde, et ils soutinrent, contre les Hollandais, pouvoir seuls former des établissements dans les Indes. Ils invoquaient ici, non-seulement le droit de s'approprier des pays découverts par eux, mais même le droit exclusif de découvrir des pays encore inconnus, dans la route nouvelle qu'ils venaient de frayer. Plus tard, lors de leurs discussions avec les Espagnols, ils transigèrent sur leurs prétentions; ces deux peuples soumirent leur différend au pape, consulté comme arbitre; et, conformément à la décision pontificale de 1493[1], ratifiée dans le traité de Tordésillas en 1494[2], et confirmée en 1506 par le

[1] DUMONT, *Corps diplomatique*, t. III, part. II, p. 302.
[2] MARTENS, *Recueil*, S., t. I, p. 372.

pape Jules II[1], ils s'accordèrent à diriger leurs découvertes, les uns à l'orient et les autres à l'occident d'une ligne imaginaire tirée d'un pôle à l'autre.

Même dans des temps plus modernes, l'Espagne réclama toutes les côtes nord-ouest de l'Amérique, en se basant sur une première découverte. Le Portugal faisait reposer ses prétentions à une partie de l'Amérique du Sud sur la découverte et la conquête.

Christophe Colomb, en mettant le pied sur le Monde nouveau, en prit possession au nom du roi d'Espagne, et tous les aventuriers que l'Europe y envoya successivement remplirent les mêmes formalités : en descendant sur une contrée encore inconnue, ils déclaraient l'occuper au nom de leur souverain, et consacraient cette prise de possession par un signe, un poteau, une croix, une inscription, des plaques de métal enterrées dans le sable ou cachées dans les rochers.

De pareils faits sont-ils suffisants pour produire, au profit d'une nation, le droit de propriété d'État à État?

63. Nous laisserons de côté les prétentions de naviguer seul dans les mers où l'on a pénétré le premier, d'y chercher seul les terres qui pourraient y être situées : inutile de discuter, à cet égard, le plus ou moins de valeur des actes de découverte ; ces prétentions sont repoussées par une raison majeure que nous avons déjà dite : la pleine mer n'est susceptible ni de propriété ni d'empire de nation à nation, la pleine mer est libre ; nous n'avons plus à y revenir. Suffirait-il d'être entré le premier dans un chemin pour avoir le droit de le fermer aux autres à tout jamais dans l'avenir? Suffirait-il d'avoir reconnu le premier un continent pour pouvoir légitimement interdire aux autres peuples d'en explorer les rivages?

[1] ROUSSET, S., t. II, part. I, p. 28.

64. Mais cette reconnaissance, cette découverte donnent-elles du moins la propriété d'État à État des terres qui ont été reconnues? Peut-on acquérir ce droit de propriété, en prononçant sur le rivage des formules, ou en y faisant des simulacres de prise de possession, ou en y laissant des signes reconnaissables? Là est la question.

III.

65. Il faut dire des nations, considérées collectivement, ce que nous avons dit des particuliers. L'acte qui leur donnera la propriété internationale du territoire qu'elles veulent s'attribuer, est l'acte pour lequel elles se seront mises à même d'user de ce territoire, d'y appliquer leurs forces de culture et d'exploitation, et d'en retirer pour l'humanité les services et l'utilité auxquels la Providence l'a destiné. Il y a un lien indissoluble entre les travaux d'occupation et les travaux d'exploitation, qui doivent suivre ceux-ci : les uns ont lieu pour mener aux autres.

66. Il faut dire que l'occupation étant la prise de possession des choses qui n'ont pas de maître, se compose nécessairement, comme la possession, de deux éléments essentiels : un élément intentionnel, l'intention de s'approprier la chose; et un élément de fait, la puissance effective sur cette chose; car la possession n'existe que pour celui qui, avec l'intention d'appropriation, se trouve avoir réellement et effectivement la chose en sa puissance, en son pouvoir; qui est, de fait, en position d'exercer sur elle son action et de faire obstacle à l'action des autres; celui qui occupe une place que les autres ne pourraient prendre qu'en l'expulsant. L'intention sans le fait ne suffit pas, non plus que le fait sans l'intention. L'ambition, la convoitise de l'homme, et celles des peuples, qui s'étendent à tout, qui embrassent tout, qui n'ont pas de limites matérielles, ne constituent pas à elles

seules l'occupation : il y faut des actes physiques, et l'occupation trouve sa limite dans la limite même de ces actes.

67. Du reste la propriété, c'est-à-dire le droit de retirer de la chose toute l'utilité qu'elle pourra rendre, d'y exercer son action, avec obligation pour tous de respecter dans le présent et dans l'avenir cette action, est produite dès que l'occupation a été opérée.

68. Il résulte de là :

1° Que la première condition de l'appropriation d'un territoire qui n'appartient à personne, et qu'un peuple veut s'attribuer, est le fait, pour ce peuple, d'avoir ce territoire en son pouvoir, à sa disposition, afin de pouvoir y appliquer son travail et ses efforts.

2° Que dès lors une occupation ne peut être valable qu'autant que la nation qui prétend occuper un pays en a la possession réelle, soit qu'elle y ait transporté des moyens suffisants pour s'y maintenir, soit qu'elle y ait conduit des colons ou commencé à fonder des établissements.

3° Que la simple reconnaissance ou la découverte d'une terre ne peuvent équivaloir à ces actes de possession. Sans doute la découverte d'une voie nouvelle, de contrées ignorées, de richesses encore inconnues, sont le résultat des efforts d'une nation; celles qui savent entretenir dans leurs nationaux l'esprit aventureux d'exploration et d'investigation, qui encouragent de hardis navigateurs à se dévouer à des recherches difficiles et souvent dangereuses, rendent à l'humanité de nobles services; elles méritent la reconnaissance des peuples; elles se mettent d'ailleurs, ordinairement, à même de profiter les premières de ces découvertes; mais tant qu'elles n'ont pas, de fait, pris en leur pouvoir les terres qu'elles ont reconnues, tant qu'elles ne s'y sont pas installées avec intention de se les approprier, et qu'elles ne se sont pas mises en situation d'y exercer leur pouvoir et d'y appliquer leur activité, les conditions voulues pour l'acquisition de la propriété d'État à État ne sont pas remplies.

4° Que les descentes sur le rivage, les paroles ou déclarations nominales qui y seraient prononcées, les inscriptions ou marques reconnaissables qui y seraient laissées, ne constituent pas non plus l'occupation. Elles témoignent bien de l'intention; mais le fait de puissance, d'installation et d'établissement effectif n'y est pas.

5° Enfin, que par les conditions mêmes d'une occupation physique et effective, le droit de chaque nation de s'approprier les territoires vacants se trouve limité dans une juste mesure : dans la mesure de la possibilité pour cette nation de s'établir véritablement sur ces territoires, et de les utiliser pour son avantage particulier, lequel concourra ainsi, en dernière analyse, à l'avantage de tous.

69. Admettre des principes contraires à ceux que nous venons d'exposer, ce serait justifier les prétentions ambitieuses et jalouses de nations aventureuses auxquelles la terre pourrait à peine suffire; qui, à chaque contrée qu'elles auraient découverte, en prendraient nominalement possession, y planteraient un poteau, et pousseraient à une découverte nouvelle, après avoir supprimé la précédente de l'ensemble des biens du monde, sans aucun profit pour elles-mêmes, et sans qu'on pût apercevoir aucun fondement à l'exclusion qu'elles invoqueraient contre toute autre nation.

70. Ces principes, que nous n'avons appuyés jusqu'ici que sur l'autorité de la science rationnelle, se sont produits et développés successivement dans la pratique des affaires internationales; ils ont été plusieurs fois invoqués au milieu des discussions nombreuses qui se sont élevées depuis la découverte du Nouveau-Monde jusqu'à nos jours; ils ont passé en conséquences pratiques dans des traités ou dans les usages interna-

tionaux, et l'on peut les considérer aujourd'hui comme généralement avoués et sanctionnés par l'autorité du droit des gens positif.

71. Ainsi, dans les discussions qui s'élevèrent entre la Grande-Bretagne et l'Espagne, au sujet de la Nostka-Sund, cette dernière puissance réclamait toutes les côtes nord-ouest de l'Amérique jusqu'au détroit du Prince William, en se basant sur une priorité de découverte et sur une longue possession, confirmées par l'art. 8 du traité d'Utrecht. Le gouvernement anglais s'opposait à cette prétention; il objectait que la terre étant l'héritage commun de tous les hommes, chaque individu et chaque nation a le droit de s'en approprier une portion, en l'occupant et en la cultivant. Cette discussion se termina par une convention entre les deux puissances, dans laquelle il fut stipulé que les sujets respectifs de ces deux puissances pourraient librement naviguer et pêcher dans l'Océan Pacifique et dans la mer du Sud; qu'ils pourraient aborder sur les rivages de ces mers pour y faire le commerce avec les indigènes et pour s'y établir, en se soumettant toutefois à certaines conditions déterminées par cette convention[1].

72. Les prétentions des États-Unis au territoire de l'Orégon se fondaient principalement : sur la priorité de découverte de la rivière Colombie, par le capitaine Gray, de Boston, en 1792; sur l'exploration du cours de cette rivière, depuis la source jusqu'à la mer, par les capitaines Lewis et Clarke, en 1805-1806; sur l'occupation première des ports de ce territoire par les citoyens des États-Unis; enfin sur l'acquisition, par le traité de 1819 avec l'Espagne, de tous les titres de cette puissance à ce territoire, titres fondés sur la découverte de ce pays par des sujets espagnols avant qu'il eût été connu d'aucun peuple.

[1] Voyez MARTENS, *Recueil*, t. III, p. 184.

Le gouvernement anglais, tout en contestant en fait la priorité de découverte des Américains, soutenait en même temps que l'Espagne n'avait pas eu d'autre droit que celui de s'établir sur les portions du territoire qui lui conviendraient, de naviguer et de pêcher dans les mers avoisinantes, de trafiquer avec les indigènes ; il s'élevait, dans un mémoire de MM. Huskinson et Addington, contre les prétentions exclusives des Américains, soutenait le droit qu'il avait eu, aussi bien que toute autre nation, d'occuper les parties vacantes du territoire, et demandait, pour les établissements anglais existants déjà, le respect qu'il s'engageait à apporter aux établissements des Américains. Les conventions de 1818 et 1827 laissèrent le territoire litigieux en commun aux deux puissances, tout en réservant leurs prétentions. La discussion se termina en 1846 par un traité fixant les limites définitives [1].

73. Ainsi, il paraît bien reconnu aujourd'hui que la simple découverte, une prise de possession nominale, un signe ou un indice quelconque de souveraineté [2] ne suffisent pas pour créer le droit de propriété d'État à État d'une nation sur un territoire ; il faut joindre, à l'intention de s'approprier le territoire vacant, une possession effective, c'est-à-dire qu'il faut avoir le pays à sa disposition et y avoir fait des travaux qui constituent un établissement.

IV.

74. Le droit des nations de s'approprier un territoire est nécessairement limité par les droits déjà acquis à d'autres nations. En reconnaissant dans la propriété que donne la pre-

[1] WEATHON, *Eléments de droit international*, t. I, p. 165.

[2] Voyez cependant la déclaration de l'Angleterre en abandonnant les îles Falkland, en 1774, MOSER'S *Versuch*, 5 Buch., IX Cap., § 5.

mière occupation un effet légitime du travail, il faut reconnaître par cela même qu'un peuple fixé dans un pays qu'il s'est déjà légitimement approprié par ses travaux, ne pourrait en être dépouillé sans injustice. Une première occupation n'est juste qu'à l'égard d'un territoire qui n'appartient encore à personne. Autant il est profitable à l'humanité d'encourager le défrichement de parages incultes et déserts, en respectant l'accroissement légitime des peuples qui entreprennent de pareilles tâches, autant il serait contraire à son repos et à la justice de permettre entre les peuples les usurpations territoriales.

75. Mais un pays entier n'est pas censé approprié à une nation par cela seul qu'elle en occupe quelques points isolés; un peuple qui aurait formé quelques établissements dans une contrée ne pourrait pas prétendre ravir cette contrée entière à toute autre nation; il ne pourrait élever de justes prétentions que sur les parties occupées par lui effectivement. Le reste du pays demeure sans maître et peut être acquis par l'occupation des autres États. Nous avons déjà fait remarquer une application de ces principes dans la discussion entre les États-Unis et l'Angleterre relativement au territoire de l'Orégon, discussion dans laquelle l'Angleterre, en demandant le respect des droits acquis aux établissements anglais et américains existants déjà, s'élevait contre les prétentions des États-Unis sur la totalité du territoire.

76. De même lorsqu'un pays, sans être totalement inhabité, n'est approprié à aucune nation en particulier, mais qu'il est seulement parcouru par des hordes voyageuses ou nomades, qui, ne s'adonnant à aucun des travaux par lesquels la terre est appropriée à l'homme, s'attribuent une étendue de terrain beaucoup plus considérable qu'il ne leur serait nécessaire si elles étaient sédentaires et livrées à l'agriculture, il ne semble pas qu'on puisse refuser légitimement à des nations trop resser-

rées chez elles le droit de s'approprier les terrains que mettraient en culture leurs colons[1].

77. Les Indiens de l'Amérique devaient-ils être assimilés à des peuples nomades, ou bien leurs droits sur les pays qu'ils habitaient devaient-ils être respectés?

Cette question fut tranchée au profit des peuples civilisés et au détriment des Américains par la politique du seizième siècle, qui, réclamant en principe le respect de la souveraineté pour les peuples européens, méconnut complétement les droits des Indiens; toutes les autorisations de découvrir et d'occuper des terres nouvelles étaient données sous la restriction unique qu'elles ne fussent pas déjà appropriées à des princes chrétiens.

Cependant, la reconnaissance du droit qu'ont à leur territoire les naturels d'une contrée, même lorsqu'ils ne forment pas un État rangé au nombre des puissances civilisées, commence à entrer en application dans les usages des peuples européens : les puritains anglais, lors de leur établissement dans la Nouvelle-Angleterre, et, après eux, Guillaume Penn, achetèrent des naturels le terrain qu'ils voulaient occuper; de nos jours encore les États-Unis, lorsqu'ils défrichent des terres nouvelles et refoulent les Indiens vers les forêts septentrionales, ont pour principe de proposer à ces Indiens un prix pour le territoire abandonné par eux. Quant à la science, elle n'a pas à distinguer entre les hommes; les vérités de justice existent pour tous.

[1] Voyez VATTEL, *Droit des gens*, liv. I, chap. XIX, § 209. — SCHMALTZ, *Droit des gens européen*, liv. IV, ch. I.

CHAPITRE II.

MODIFICATIONS DANS LES LIMITES VARIABLES.

Effets des changements survenus dans les eaux limitrophes. — Naissance d'îles ou d'îlots.

78. Lorsque le territoire d'un État est déterminé par des limites variables, telles que les rivages de la mer, ou les eaux d'un fleuve ou d'une rivière, les changements que la nature apporte dans la distribution de ces eaux peuvent modifier l'étendue du territoire, et se trouver, dans certains cas, une cause d'augmentation ou de diminution pour la propriété d'État à État.

79. Les jurisconsultes s'occupant de ces événements au point de vue de la propriété privée, et les groupant avec plusieurs autres cas sous une idée commune, savoir, que lorsqu'à une chose principale vient se joindre et se subordonner une chose accessoire, celle-ci est entraînée nécessairement à suivre le sort de la première, en ont fait une cause particulière d'acquisition, qu'ils ont nommée *accession*, et qu'ils ont appliquée aux meubles comme aux immeubles[1].

Les faits se présentent beaucoup plus simplement en ce qui concerne la propriété d'État à État.

80. Que, par un mouvement graduel et insensible, la mer ou le fleuve qui forme la limite d'un territoire avance sur ce territoire ou recule, le territoire se restreint ou s'augmente d'autant; et quand ce phénomène s'accomplit entre deux États limitrophes, en portant les eaux d'une rive sur la rive opposée,

[1] Voir en général sur l'accession, GROTIUS, *Droit de la guerre et de la paix*, liv. II, ch. III, § 16. — PUFFENDORF, *Droit de la nature et des gens*, liv., IV, ch. VII, § 11. — VATTEL, *Droit des gens*, § 268-277. — MARTENS *Droit des gens*, § 45. — KLUEBER, *Droit des gens*, § 134.

il est évident qu'il y a perte pour l'un de ces États et accroissement pour l'autre. Mais ce sont là moins des acquisitions nouvelles de propriété internationale, que des conséquences naturelles de la propriété déjà existante. Propriétaire d'une chose susceptible de croître ou de décroître physiquement, il faut bien supporter les conséquences de ces variations.

81. Un résultat semblable est produit, et l'observation reste la même, quand la diminution ou l'augmentation s'opère par des détritus, du limon, des terres non reconnaissables détachées insensiblement de la rive, ou charriées et déposées graduellement sur cette rive. Lais et relais, atterrissements, alluvions : l'étendue du territoire varie, parce que sa nature physique est variable; le droit de propriété internationale ne change pas d'origine.

82. Enfin, si dans les eaux faisant partie du territoire d'un État, des îles viennent à se former, soit par desséchement, soit par atterrissement, soit de toute autre manière, il est clair que, comprises dans le territoire, elles sont l'objet de la propriété internationale, comme tout le reste de ce territoire. L'État possédait un certain espace occupé par des eaux, il possède ce même espace occupé maintenant par une île, il y a un changement dans la forme du territoire intérieur, mais il n'y a pas d'acquisition nouvelle pour la propriété d'État à État.

83. Si l'on veut considérer à part et en elles-mêmes les substances et les parcelles au moyen desquelles les modifications se sont produites, dans les cas surtout d'atterrissement, il est vrai qu'il arrivera fréquemment que ces parcelles proviendront du territoire de l'État voisin, dont elles se seront détachées; mais elles ne sont pas reconnaissables; elles ont changé de nature; en elles-mêmes, et comme objets distincts, elles n'existent plus; elles font corps avec le territoire auquel

elles ont adhéré : la nation qui a ce territoire en sa puissance a par cela même en sa puissance les parcelles qui s'y sont incorporées; il se produit ici, par la force même de l'événement, comme une sorte d'occupation ou, pour mieux dire, d'absorption de choses que personne ne pourrait réclamer puisqu'elles n'ont plus d'existence individuelle, et au sujet desquelles personne n'a d'indemnité à demander puisque personne ne peut plus les reconnaître.

84. Le droit romain avait déterminé avec soin les différents cas qui pouvaient se présenter dans ces changements de distribution des eaux et les effets qui devaient en résulter pour les riverains, quant à la propriété privée. On retrouve, dans les solutions proposées à ce sujet par les publicistes, quant à la propriété internationale, l'influence des décisions de ce droit, si longtemps appliqué comme raison et comme autorité communes chez les nations civilisées.

85. Nous signalerons cependant, à cet égard, une différence sensible entre la situation des simples particuliers propriétaires riverains et celle des États limitrophes.

Au-dessus des particuliers propriétaires riverains, dans chaque pays, il y a toujours l'État, qui forme comme une tierce personne, et l'on conçoit que la loi civile puisse, dans certaines circonstances, reporter sur le domaine public de l'État, et non sur la propriété privée des riverains, les conséquences des changements survenus dans la distribution des eaux : par exemple, attribuer à l'État les îles formées dans le cours des eaux, ainsi que le fait notre Code civil pour les rivières navigables ou flottables [1], au lieu de les attribuer, dans certaines proportions, aux propriétaires riverains, comme le faisait le droit romain; mais entre nations limitrophes, quant à leur terri-

[1] Code civil, art. 560.

toire national, il n'y a pas de tierce partie à laquelle les alluvions puissent être attribuées; les accroissements ou les pertes doivent être forcément pour l'une ou pour l'autre de ces nations.

86. L'application de ces données générales aux cas particuliers que les relations internationales peuvent offrir est facile à faire.

Supposons, comme nous en avons un exemple dans le traité de 1773, entre la Prusse et la Pologne[1], que le fleuve ou la rivière coulant entre deux États appartienne entièrement à l'un de ces États, de telle sorte que la ligne de séparation soit au bord extérieur : la propriété internationale de l'État à qui le fleuve appartient suit les mouvements de ce bord; elle s'étend ou se resserre, suivant que le fleuve s'agrandit ou se rétrécit en empiétant graduellement sur le territoire voisin ou en s'en éloignant. Supposez, au contraire, comme il arrive le plus souvent, que le fleuve soit commun, et que la limite soit fixée au thalweg, c'est-à-dire à la ligne du milieu de la masse d'eau, l'effet des mouvements du fleuve n'est pas d'attribuer à l'une ou à l'autre des nations limitrophes la propriété des alluvions ou des rives rongées sur le territoire voisin, mais de déranger la ligne du milieu, en la reculant ou en la rapprochant de ces nations.

87. De même, dans le premier cas, les îles nées sur un point quelconque du fleuve appartiennent toujours en entier à la nation propriétaire du fleuve; tandis que dans le second, elles appartiennent aux nations riveraines en totalité ou en partie, selon qu'elles se trouvent d'un seul côté de la ligne du milieu, ou qu'elles sont traversées par elle[2]. Mais dans la plu-

[1] Voir l'art. 2 de ce Traité, MARTENS, *Recueil*, t. I, p. 490, et les discussions qui s'élevèrent à ce sujet; MOSER's *Versuch*, 5 Buch, 2 Cap., § 21.

[2] Par exemple : Traité entre l'Impératrice et la République de Venise de 1753, art. 34, MARTENS, *Recueil*, S., t. II, p. 74.

part des traités de limites nous voyons convenir que les îles qui existent déjà appartiendront en entier à la nation dont elles sont le plus voisines, car il y a toujours d'assez grandes difficultés à ce qu'une petite île appartienne à deux nationalités différentes; et d'ailleurs, on doit considérer comme thalweg le milieu du plus grand bras du fleuve, le petit bras n'étant regardé que comme un débouché accessoire et secondaire [1].

88. Faut-il étendre aux lacs limitrophes ce qui vient d'être dit des fleuves et des rivières? Les jurisconsultes romains, suivis en cela par notre Code civil, posaient en règle qu'il n'y a pas lieu à accroissement par alluvion au sujet des lacs ni des étangs, lesquels, bien que leurs eaux s'élèvent et s'abaissent quelquefois, conservent toujours les mêmes limites [2]. Mais cette décision, donnée pour la propriété privée et pour les petites masses d'eau qui en sont l'objet, ne saurait s'appliquer aux grands lacs qui peuvent former la limite internationale entre deux Etats. Sans doute, les crues ou les baisses d'eau accidentelles ou suivant les saisons ne modifient en rien les limites : les fleuves ou les rivières ont aussi de pareils mouvements; mais si le lac est assez considérable, assez agité pour ronger ses rives, pour y former des atterrissements insensibles, des lais et des relais, pour se porter d'un côté sur un autre en se déplaçant graduellement, ou pour donner naissance à des îles, toutes les solutions que nous avons données pour les fleuves ou pour les rivières doivent s'y appliquer dans les mêmes situations.

89. Nous avons toujours supposé jusqu'à présent que les

[1] Par exemple : Traité entre l'Espagne et le Portugal, de 1750, art. 10; MARTENS, *Recueil*, S., t. I, p. 348.

[2] DIGEST., lib. XLI, tit. I, *De adquirendo rerum dominio*, loi 12, fragment de Callistrate; et lib. XXXIX, tit. III, *De aqua et aquæ pluviæ arcendæ*, loi 24, § 3, fragment d'Alfenus. — Code civil français, art. 558.

atterrissements, les mouvements ou changements dans la situation des eaux se sont opérés d'une manière graduelle et, pour ainsi dire, insensible; mais s'il s'agit de mouvements brusques, de changements subits, de portions de territoire reconnaissables, coupées violemment par le nouveau cours des eaux, ou emportées et jetées d'une rive sur l'autre, il n'y a pas là cette modification entrée dans les prévisions de droit et résultant du caractère variable des limites; le propriétaire qui peut reconnaître et désigner sa chose ne saurait en être dépouillé; le droit de domaine international subsiste; ou si les choses sont dans un tel état que la fraction détachée doive rester désormais comprise dans le territoire auquel elle a été jointe violemment, c'est une affaire à régler par convention entre les deux États et moyennant indemnité.

90. Si, par exemple, le fleuve abandonne entièrement son ancien lit et va dans le pays voisin se former un nouveau cours; si le lac inonde une partie des contrées voisines et les réduit en lacs nouveaux; s'il se dessèche et se change en marais ou en plaine, on ne voit pas dans ces événements une modification du lit du fleuve ou du lac servant de limite, mais l'extinction du fleuve ou du lac, et la formation de fleuves et de lacs nouveaux; les limites ne sont pas changées : elles restent fixées à l'ancien lit abandonné, ou au terrain primitivement occupé par le lac.

91. C'est par une raison semblable que les changements survenus, même graduellement, dans les eaux d'un fleuve ne seraient pas une cause de perte de la propriété des îles déjà acquises à une nation, et toujours reconnaissables, quand bien même ces îles ne se trouveraient plus entre la rive appartenant à cette nation et le nouveau thalweg des eaux [1].

[1] Voyez, par exemple, Acte final du congrès de Vienne, art. 95.

92. Dans les différents cas où, par suite de modifications graduelles et à cause du caractère variable des limites, le territoire national augmente ou diminue, cette augmentation ou cette diminution s'accomplit par la force même des événements. L'État possesseur du territoire a continué toujours à le posséder avec les modifications en plus ou en moins que ce territoire a subies : aucun acte spécial de prise de possession de la part de cet État n'est nécessaire[1]. Nous appliquons cette décision sans hésiter aux îles qui naissent dans les fleuves; car, comme nous l'avons fait remarquer, ces îles sont comprises dans le domaine de la nation, non pas même comme accession, mais comme modification de la partie du lit qui appartient à cette nation, et l'effet de la naissance de ces îles est seulement de reculer la ligne du thalweg.

93. Pour ce qui est des îles nées dans la mer, près des côtes, la prétention de les revendiquer, comme faisant partie du domaine international, ne peut s'élever que relativement aux îles qui sont comprises dans les eaux territoriales, c'est-à-dire jusqu'à la ligne de respect; et, même encore, dans ce cas, ceux qui n'accordent à une nation qu'un droit de juridiction et non un droit de propriété entre ces limites, pourraient-ils ne voir dans ces îles nouvellement formées que des choses *nullius*, appartenant au premier occupant. Cependant, nous admettrions difficilement qu'une nation étrangère pût s'établir sur les îlots compris en deçà de la ligne de respect; les mêmes raisons de sûreté qui permettent à une nation d'étendre son empire dans cet espace, nous semblent l'autoriser à empêcher les étrangers de s'y établir d'une manière fixe, et à considérer les îlots qui y naissent comme des dépendances de sa propriété. C'est ce

[1] Voyez, cependant : HEFTER, *Das Europœische Voelkerrecht der Gegenwart*, § 69, note 3.

qui fut jugé implicitement à l'occasion d'une capture faite dans les eaux territoriales neutres des États-Unis [1] : il s'agissait de savoir si on fixerait la ligne de respect en comptant à partir du fort de la Balise, situé sur le bord du rivage, ou à partir du bord extérieur d'un archipel de petits îlots inhabités, formés des arbres et des sables entraînés successivement par le Mississipi, et situés un peu en avant; cette dernière décision fut en effet adoptée par sir W. Scott (lord Stowel), juge de la Cour d'amirauté d'Angleterre [1].

[1] Voyez WEATHON, *Eléments de droit international*, t. I, IIe part., ch. IV, § 7, et remarquez que le juge, en se fondant pour motiver cette décision, juste en elle-même, sur ce que ces îles sont formées par des amas de sable et de troncs d'arbres enlevés au territoire des Etats-Unis et entraînés par le courant du Mississipi, invoque à tort, ce nous semble, le principe : « *Quod vis fluminis de tuo prœdio detraxerit et vicino prœdio attulerit, palam tuum remanet* », principe qui a été écrit par les jurisconsultes romains pour les portions reconnaissables de terrain, enlevées violemment, et non pour les alluvions formées successivement de matières diverses qui ont perdu leur première forme.

TITRE II.

TRANSLATION DU DOMAINE INTERNATIONAL D'UN ÉTAT A UN AUTRE.

CHAPITRE PREMIER.

CONVENTIONS DE TRANSFÉRER LE DOMAINE INTERNATIONAL, ET PRISES DE POSSESSION.

Quelles sont les conditions de validité et les effets de ces conventions. — Si la prise de possession est nécessaire pour la translation du domaine.

I.

94. Une fois que le droit de propriété a été reconnu, qu'il a été assis sur sa base fondamentale, le travail, et que sa destination, qui est de concourir à la conservation, au bien-être et au perfectionnement de l'homme, a été signalée, il en découle une conséquence forcée, impossible à nier : le droit pour le propriétaire, précisément afin que la propriété fonctionne suivant sa destination, d'échanger, de donner les choses qui en font l'objet; en un mot, de transporter à un autre, moyennant équivalent ou par libéralité, le droit qu'il avait lui-même.

De là, certains actes, certains faits, qui sont à la fois, pour l'un, des modes d'aliéner; pour l'autre, des modes d'acquérir; et qui se rattachent, comme la conséquence au principe, à la cause originaire de la propriété, le travail.

95. Bien que le territoire des nations et le droit de domaine international dont il est l'objet ne soient pas destinés à passer réquemment d'un peuple à l'autre, comme il arrive entre particuliers pour les meubles et pour les immeubles, objet de la propriété privée, cependant ces transmissions de territoire

sont quelquefois utiles, nécessaires, et elles occupent, sans contredit, par leur importance, une des premières places dans les affaires et dans les traités entre les nations.

96. Il y a, à ce sujet, une distinction essentielle à faire dès le principe. Les jurisconsultes signalent avec soin les différences qui existent, en droit privé, pour les particuliers, entre l'obligation de transférer à un autre la propriété et la translation effective de cette propriété. Il en est de même, en droit international, pour les nations, entre l'obligation de transférer le domaine international et la translation effectuée de ce domaine.

97. Le domaine international, ou droit de propriété d'État à État, est, comme nous l'avons dit, un de ces droits que les jurisconsultes nomment droit *réel*, droit *absolu*. Il emporte pour tous les peuples une nécessité morale d'inertie, d'inaction en ce qui concerne le territoire, objet de cette propriété : la nécessité de droit ou l'obligation de laisser l'État, souverain du territoire, en tirer l'utilité dont il est susceptible, et de n'y gêner en rien le droit de commandement de cet État. Lors donc que la translation de ce domaine s'est opérée, lorsque la nation qui en était investie l'a fait passer légitimement à une autre nation, il s'établit un rapport de droit entre celle-ci et tous les autres Etats ; tous sont tenus de respecter les droits qui lui appartiennent désormais sur le territoire, et qui produisent leur effet à l'égard de chacun.

98. Il en est bien autrement lorsqu'une nation s'est obligée envers une autre à transmettre à celle-ci le domaine international d'une certaine étendue de pays, et que cette translation n'ayant pas encore été effectuée, il n'existe encore que l'obligation; ou bien, lorsqu'une nation s'est obligée envers une autre à s'abstenir d'exercer aucun acte de souveraineté sur un certain territoire. La nation qui se trouve ainsi obligée est

dans la nécessité morale, dans la nécessité de droit de tenir son engagement ; mais cet engagement n'existe que pour elle et envers l'autre nation seulement. Il ne s'établit de rapport de droit qu'entre les États contractants : rapport de créancier à débiteur, droit de créance et non de propriété, droit que les jurisconsultes nomment *personnel* ou *relatif*, par opposition au droit *réel* ou *absolu*. La nation qui a ce droit ne peut le faire valoir que contre la nation engagée envers elle ; elle ne peut s'en prévaloir à l'égard des autres nations qui ne sont pas intervenues dans l'engagement ; celles-ci sont obligées seulement à s'abstenir de mettre obstacle aux moyens légitimes que la nation créancière jugerait à propos d'employer pour forcer la nation débitrice à remplir ses obligations.

99. Lors, par exemple, que les Portugais et les Espagnols se partagèrent le Nouveau-Monde, s'engageant à ne former d'établissement, chacun, que d'un côté de la ligne fixée par le pape, ces nations s'imposèrent une restriction, contractèrent un engagement qui pouvait être valable entre elles ; mais elles n'avaient pu se transmettre, par un pareil acte, la propriété de ces pays à découvrir, et l'obligation toute personnelle à chacune d'elles de rester dans les limites fixées par le traité de Tordésillas, n'était pas opposable aux autres nations, qui n'étaient pas intervenues dans ce traité.

100. De même, lorsque l'empereur Alexandre de Russie, par un ukase du 4-16 septembre 1821, s'attribua un droit territorial exclusif à la côte nord-ouest de l'Amérique, depuis le détroit de Behring jusqu'au 51e degré de latitude, les États-Unis protestèrent contre cette prétention, et les deux puissances signèrent à Saint-Pétersbourg, le 5-17 avril 1834, une convention par laquelle elles réglèrent le droit de pêche et de navigation entre leurs sujets, et stipulèrent, en outre, qu'il ne serait formé aucun établissement des États-Unis au

nord du 54° 40′ de latitude, et aucun établissement russe au midi de cette ligne. Mais la Grande-Bretagne avait protesté de son côté, et cette convention de la Russie avec les États-Unis ne pouvait pas lui être opposée, ni avoir fixé la propriété de ces territoires au profit de la Russie ou des États de l'Union. Aussi une convention, signée à Saint-Pétersbourg le 16-28 février 1825, fixa-t-elle les limites entre la Russie et les possessions anglaises. Quant aux limites entre l'Angleterre et les États-Unis, elles demeurèrent incertaines relativement à ces territoires, même après la convention de 1827, et ne furent définitivement fixées qu'en 1846[1].

101. De même encore, si une nation s'engageait envers une autre à lui livrer une partie indéterminée de territoire, tant de lieues carrées à prendre dans telle contrée, il y aurait là aussi un droit de créance, et non pas un droit de propriété. La nation créancière aurait le droit d'exiger qu'on lui délivrât l'étendue de territoire fixée, et dans les contrées convenues ; mais, jusqu'à ce que la propriété d'une portion déterminée lui en eût été transférée, elle ne pourrait exercer de droit de jouissance ni de commandement sur ce territoire[2]. Si la nation débitrice

[1] WHEATON, *Eléments de droit international,* 1er volume, 2e part., ch. IV, § 5.

[2] On peut trouver des exemples fréquents de cessions de territoires indéterminés, dans les traités sur les limites. On convient ordinairement de les faire arrêter par des ingénieurs communs; les cessions réciproques qui doivent avoir lieu en pareil cas sont des cessions de terrains qui ne sont fixés que par l'opération de la reconnaissance, et la propriété n'est transmise qu'après que cette reconnaissance a eu lieu. Voyez dans MOSER's *Versuch,* v Buch, II Cap. Von Graenzsachen, § 21, une discussion entre la Pologne et la Prusse à ce sujet. Le grand-chancelier de Pologne adresse au ministre de Prusse une note dans laquelle il dit, entre autres choses : « Le soussigné, par ordre du roi et de l'avis de son Conseil, a l'honneur d'informer M. Blanchot, résident de Sa Majesté le roi de Prusse, que, quoiqu'il ait été arrêté par l'art. IV de la convention du 22 août de la présente année : « qu'à mesure que les ingénieurs avanceraient, et que les limites de

s'était mise dans l'impossibilité de remplir son engagement, par exemple, parce que, dans l'intervalle, elle aurait transféré la propriété de toute cette contrée à une tierce nation, sans aucun doute la nation créancière, lésée, aurait le droit de se plaindre et de se faire indemniser par la nation débitrice ; mais elle ne pourrait opposer son droit à la nation qui aurait acquis la propriété de ce territoire ; elle ne pourrait prétendre exercer sur ce territoire des droits de jouissance ou de souveraineté à l'encontre de cette tierce nation.

102. Ainsi, la translation du droit de propriété internationale est bien distincte de l'obligation de transférer ce droit : la translation de la propriété internationale crée un rapport de droit entre la nation à laquelle cette propriété est transmise et toutes les autres nations, elle investit l'État acquéreur, d'un droit opposable à tous les peuples ; l'obligation contractée par une nation de transférer la propriété d'un territoire donne naissance, au contraire, à un rapport de droit entre cette nation et celle avec laquelle elle a contracté ; celle-là est dans la nécessité de satisfaire à son engagement, celle-ci est en droit d'exiger la solution de l'obligation ; mais ce droit n'est pas opposable aux autres nations.

103. Ces obligations sont même quelquefois soumises à l'accomplissement d'un événement futur et incertain ; les cessions conditionnelles, les investitures éventuelles, les clauses de réversion étaient fréquentes dans les traités du moyen âge. Nous en trouvons même encore des exemples récents dans les

« S. M. prussienne seraient reculées, les terrains rendus seraient effective- « ment remis à S. M. le Roi et la République » ; cependant les garnisons prussiennes, qui occupaient les villes et villages rétrocédés, refusent de les évacuer, et déclarent qu'*elles ne se retireront que lorsque la démarcation sera achevée, et que la ratification de la convention sera faite.* En attendant, sous ce prétexte, on fait souffrir l'oppression la plus dure aux sujets rentrés sous la domination de la République, etc. »

art. 98, 99 et 102 de l'acte final du congrès de Vienne, relativement aux duchés de l'Italie.

II.

104. Il résulte de la distinction que nous venons d'établir, que le publiciste au sujet de la propriété internationale, comme le jurisconsulte au sujet de la propriété privée, a ces deux problèmes différents à résoudre : Comment l'obligation de transmettre la propriété d'État à État peut-elle prendre naissance entre une nation et une autre? De quelle manière s'effectue cette transmission?

105. Il n'entre pas dans notre cadre de traiter ici le premier de ces problèmes et d'exposer les événements, les actes par lesquels un peuple peut se trouver obligé envers un autre : ce n'est pas la naissance de l'obligation, c'est la transmission de la propriété elle-même que nous avons à étudier.

106. Nous ferons remarquer seulement que l'obligation est la cause de la transmission; à moins d'une intention de libéralité, ce qui détermine en fait, ce qui justifie en droit la transmission de la propritété, c'est l'obligation préexistante de faire cette transmission. Même lorsque l'obligation et la transmission paraissent se produire instantanément et ne se détachent l'une de l'autre par aucun temps appréciable, la transmission trouve encore dans l'obligation son motif de droit; c'est un effet qui suit immédiatement sa cause et qui n'en est séparé que par un intervalle de raison.

107. De tous les événements qui peuvent donner naissance à des obligations, les plus fréquents, surtout entre les nations, ce sont les accords de volonté, ou conventions, contrats, traités intervenus entre les parties. Par suite d'un pareil accord, un État peut se trouver obligé envers un autre à transférer la propriété

internationale d'un territoire; et, parmi les conventions qui ont un pareil objet, on remarque : les traités de *cession* en général, dans lesquels l'État s'oblige à transférer cette propriété moyennant d'autres avantages qui lui sont faits, par exemple des facilités pour le commerce, des libérations d'engagements antérieurs, des secours actifs à recevoir, ou tout autre équivalent; les traités de *vente*, dans lesquels il s'oblige moyennant la promesse d'un prix fixé en argent ou en denrées; de *transaction*, au moyen desquels une contestation se trouve terminée par des concessions réciproques; d'*échange*, de *règlement de limites*, de *partage*, qui ont cela de particulier, qu'une aliénation s'y trouve généralement compensée par une autre, dans la convenance des parties, et qu'ils donnent ainsi naissance à des transmissions réciproques de territoire.

108. Il est assez général, si l'on s'en tient aux acceptions communes des mots, de ne voir dans la vente, dans l'échange, dans le partage, que des moyens d'aliénation et d'acquisition. Mais le jurisconsulte, qui est tenu à des analyses plus exactes, y voit d'abord le contrat, c'est-à-dire la convention produisant des obligations réciproques; et ensuite les aliénations ou acquisitions dont le contrat est la cause et qui ont lieu en exécution des obligations.

109. Puisque la translation du domaine international d'un peuple à un autre prend sa cause, son motif de droit dans la convention, dans l'obligation dont elle n'est que l'accomplissement, il en résulte que pour que cette translation ait lieu il faut avant tout que l'obligation existe, que la convention soit valablement formée. Sans quoi la translation du droit, quels que fussent les effets apparents, ne serait pas effectuée; pas plus qu'un effet ne peut avoir été produit sans sa cause. Nous devons donc renvoyer, quant à ce premier point, aux conditions

générales du droit international pour la validité des conventions ou pour l'existence des obligations entre les États.

110. Nous ferons remarquer seulement, que les conventions qui doivent aboutir à un engagement de céder une portion du territoire de l'État sont d'une telle gravité, que, outre les règles communes pour toutes les conventions, les lois intérieures et fondamentales de chaque nation ont assujetti celles-ci, en général, à des conditions particulières nécessaires à la validité de leur existence. Car les nations, qui sont des personnes morales, ne peuvent pas contracter par elles-mêmes; elles forment leurs engagements par l'intermédiaire de ceux auxquels elles en ont conféré le pouvoir; elles ont donc pu, dans les cas qui leur ont paru d'une plus grande importance, limiter ou plutôt ne pas conférer entièrement la puissance de prendre certains engagements; et, dès lors, leurs mandataires ne pourraient sortir des limites de leur autorité légale sans que les contrats qu'ils formeraient fussent nuls. C'est ainsi que, même dans l'ancien temps, les rois de France ne pouvaient valablement aliéner une partie du royaume sans l'approbation des États généraux, et l'on retrouve des dispositions analogues dans les constitutions de plusieurs autres nations [1].

[1] Ancien serment du roi de Pologne : «... que je ne diminuerai en rien les limites du royaume et du grand-duché; mais que je les défendrai et les étendrai..., etc. » — Ancien serment du roi de Hongrie : «..... que nous n'aliénerons aucune partie du territoire; que, loin de restreindre les frontières, nous les étendrons autant qu'il sera en notre pouvoir..., etc. » — Ancien serment du roi de Bohême : «..... que je n'aliénerai ni ne donnerai en gage aucune partie du royaume; mais que je chercherai plutôt de tout mon pouvoir à les accroître et à les étendre..., etc. »

III.

111. Il faut remarquer aussi, que le changement de souveraineté sur un territoire ne se présente pas toujours dégagé d'une question de changement de nationalité pour les habitants. Quelquefois l'acquisition de la propriété internationale s'applique à un territoire délaissé par ses habitants : telles sont les cessions de terrains faites dans le Nouveau-Monde aux Européens par les sauvages qui se retirent devant les peuples civilisés, abandonnant leurs anciennes terres et emportant plus loin avec eux les ossements de leurs ancêtres. Mais en Europe, où il n'y a pas de terres inhabitées ni de populations nomades, aux questions de translation de propriété d'État à État se mêle presque toujours une question de changement de nationalité pour les habitants.

112. Sans doute, une nation a le droit de céder une portion de son territoire; mais a-t-elle pu changer la nationalité des habitants sans leur propre consentement? les céder eux-mêmes avec la province? Cette idée ne répugnait pas beaucoup au moyen âge, alors que le seigneur cédait des terres avec les serfs attachés à la glèbe, alors qu'on était habitué à voir les provinces passer de famille en famille, par suite de mariages ou de testaments des princes; mais aujourd'hui, on doit reconnaître en principe que le consentement des habitants d'un territoire est nécessaire pour pouvoir opérer leur changement de nationalité. Il est vrai que dans la pratique ce consentement est toujours supposé; mais il pourrait ne pas avoir lieu, et les habitants d'une province cédée auraient le droit de se constituer en État indépendant : droit dont ils n'usent généralement pas, faute d'être assez forts pour pouvoir le faire respecter [1].

[1] Grotius, *Droit de la guerre et de la paix*; l. II, ch. VI, § 4.—Puffen-

113. Les traités leur ménagent ordinairement, du moins, la possibilité de conserver leur nationalité primitive, en déclarant individuellement leur volonté, et en remplissant certaines conditions.

IV.

114. Pour qu'une nation puisse transférer valablement la propriété internationale d'un territoire, il faut encore qu'elle en soit souveraine : sans cela, elle ne pourrait pas conférer à une autre nation un droit de domaine qu'elle n'aurait pas elle-même.

115. Il ne résulte pas de là qu'une nation ne puisse pas s'obliger à livrer un territoire qui ne lui appartient pas ; c'est là un engagement valable entre les parties contractantes, que la nation obligée sera tenue d'exécuter comme elle pourra, ou pour l'inexécution duquel elle devra indemnité ; mais cet engagement, eût-il été suivi de la livraison du territoire, ne saurait avoir aucun effet à l'égard de la nation propriétaire de ce territoire et étrangère à la convention.

116. En 1662, le roi d'Angleterre vendit à la France la ville de Dunkerque, qu'il avait prise sur les Espagnols, mais dont la propriété n'était pas encore reconnue lui appartenir par aucun traité. Il s'oblige, dans ce traité de vente, à remettre la ville à la France ; il y joint une obligation de garantie : il s'engage pendant deux ans à aider la France à défendre cette ville si elle était attaquée, et à la reprendre sur les Espagnols si elle était enlevée pendant le même intervalle. C'était reconnaître par là même que cette convention n'était pas valable à l'égard de l'Espagne, et la propriété ne put être considérée avoir été acquise à la France qu'après que ces dispositions eurent été confirmées par

DORF, *Droit de la nature et des gens*, l. VIII, ch. V, § 9. — VATTEL, *Droit des gens*, l. I, ch. XXI, § 263, 264.

l'acquiescement de l'Espagne dans le traité d'Utrecht; jusque-là, il n'y avait qu'une obligation de l'Angleterre envers la France [1].

[1] Voir : *Ambassades et négociations de M. le comte d'*ESTRADES; Amsterdam, 1728, p. 520. Traité de Dunkerque. « Premièrement il est convenu et accordé que la ville de Dunkerque, avec sa citadelle, redoutes, etc., sera remise entre les mains de Sa Majesté très-chrétienne, ou de ses commissaires, par le roi de la Grande-Bretagne, ou ses commissaires, munis de plein pouvoir pour cela, dans quinze jours à compter de la date de la ratification de Sa Majesté très-chrétienne, ou plus tôt, si faire se peut....... Ladite place et citadelle de Dunkerque... est vendue audit seigneur Roi trés-chrétien, et sera livrée par ledit seigneur Roi de la Grande-Bretagne ou ses commissaires, dans ledit temps de quinze jours à compter de la ratification du présent traité, ou plus tôt, si faire se peut.... Ladite vente faite pour et moyennant le prix et somme de cinq millions de livres..., de laquelle somme il sera payé comptant deux millions de livres dans ladite place, à même temps qu'elle sera remise entre les mains du seigneur Roi très-chrétien, ou ses commissaires...; et trois millions restants deux ans après, savoir quinze cent mille livres chaque année en quatre payements, de trois mois en trois mois, ; les trois premiers de 400,000 l. chacun, et le dernier de 300,000 l., faisant ensemble, pour lesdites deux années, lesdits trois millions ; lesquels payements desdites deux années se feront dans ladite ville de Dunkerque à ceux qui auront ordre pour cela du Roi de la Grande-Bretagne, pour la sûreté desquels il sera laissé caution solvable dans Londres.....

« Et d'autant que Sa Majesté très-chrétienne a désiré que le Seigneur de la Grande-Bretagne lui garantît la vente de ladite place, il est convenu et accordé que ledit seigneur Roi de la Grande-Bretagne garantit audit seigneur Roi très-chrétien ladite place de Dunkerque, avec ses circonstances et dépendances, pendant deux ans seulement; pour cela il s'oblige, en cas qu'il arrivât, durant ledit temps, que le roi d'Espagne, sur qui elle a été prise par le droit des armes, ou quelque autre agresseur, voulût la disputer à S. M. très-chrétienne, et vînt à l'assiéger à force ouverte, en ce cas, ledit seigneur Roi de la Grande-Bretagne s'oblige et promet, pendant ledit temps de deux ans seulement, et non au delà, de la défendre conjointement avec ledit seigneur Roi très-chrétien, et s'engage de fournir une flotte de vaisseaux si nombreuse qu'elle sera jugée suffisante pour lui conserver une entrée libre du côté de la mer, par laquelle les secours nécessaires y puissent être introduits.

« Et s'il arrivait que, nonobstant la résistance de ladite place, et les efforts que feraient les deux Rois pour la secourir, elle vînt à être prise par le Roi d'Espagne, à force ouverte ou par surprise et intelligence, ledit seigneur Roi de la Grande-Bretagne s'oblige pareillement et promet, pendant

V.

117. Lorsque les différentes conditions que nous venons d'indiquer sont remplies, c'est-à-dire lorsque la convention de transmettre la propriété internationale d'un territoire est valable, qu'elle a été faite avec le concours de tous les pouvoirs nécessaires pour une pareille aliénation, et que la nation qui s'est ainsi obligée est propriétaire du territoire promis, comment doit s'effectuer la transmission?

118. Il est hors de doute que si le territoire promis est indéterminé, tant que la détermination ne sera pas faite il ne pourra exister qu'une obligation; et la première nécessité, pour arriver à la transmission du droit de domaine, sera de faire déterminer le territoire qui doit en être l'objet.

119. Il est hors de doute encore que si le territoire ayant été déterminé dès l'origine ou depuis, l'État cessionnaire, en exécution de son engagement, en a fait la tradition, c'est-à-dire a mis, de fait, ce territoire au pouvoir, en la puissance de l'autre État, de telle sorte que la prise de possession de la part de celui-ci ait eu lieu effectivement, la propriété internationale est transférée.

120. Mais cette tradition, cette prise de possession, indispensables sans aucun doute pour l'exercice du droit de propriété, sont-elles nécessaires pour la transmission elle-même de ce droit, ou bien cette transmission est-elle opérée avant qu'il y ait eu prise de possession effective, et par la seule force du

lesdites deux années seulement, de contribuer, pour la reprendre, une flotte de vaisseaux considérable, et telle qu'elle sera jugée suffisante pour se rendre maître de la mer et de l'entrée du port, et de concourir de bonne foi à ce dessein avec S. M. très-chrétienne... »

Fait à Londres, le vingt-septième jour d'octobre 1662.

contrat? Une nation qui cède, par un traité valable, la propriété d'un territoire déterminé dont elle est propriétaire, transmet-elle son droit de souveraineté, ou bien se constitue-t-elle uniquement débitrice de l'autre nation? Celle-ci est-elle propriétaire ou seulement créancier? A-t-elle un droit opposable à toutes les nations, ou valable seulement à l'égard de celle avec laquelle elle a contracté? Les contrats, qui sont un accord de volontés, engendrant obligations, peuvent-ils avoir la puissance d'opérer par eux-mêmes la translation d'un droit de propriété entre nations?

121. Grotius, qui soulève cette question, admet que même entre particuliers et quant à la propriété privée, la prise de possession, à moins d'une disposition de droit positif qui l'exige, n'est pas nécessaire pour opérer la transmission de propriété [1].

122. Sans doute une législation peut adopter le principe contraire dans un but d'utilité ; un État peut exiger, pour la translation de la propriété privée, un signe extérieur, et celui de la remise de la possession peut atteindre très-convenablement ce but; c'était le principe du droit romain. Une constatation écrite de la mutation, faite sur un registre spécial et ouvert à tout requérant, serait, de nos jours, un procédé encore plus sûr pour donner cette publicité. Mais quel est le but de ces signes extérieurs? Eviter les fraudes qui pourraient fréquemment avoir lieu entre particuliers au moyen de ventes successives de la même chose à des acheteurs différents. Or, entre nations, les cessions sont arrêtées dans des traités connus de toutes les puissances, traités qui se rattachent à de grands intérêts et qui ont un grand retentissement; la publicité a lieu entre les États

[1] GROTIUS, *Droit de la guerre et de la paix*, l. II, ch. VI, § 1. Voyez aussi PUFFENDORF, *Droit de la nature et des gens*, l. IV, ch. IX, § 5 et suivants. HEFTER, *Das Europœische Voelkerrecht der Gegenwart*, § 69, note 1, soutient l'opinion contraire.

par la nature même de ces conventions; on ne peut donc pas craindre de voir une nation s'engager à livrer la même province à plusieurs nations différentes, à l'insu l'une de l'autre; cette raison d'utilité ne se présente donc pas.

123. D'un autre côté, il n'y a pas, en droit international, de texte positif qui puisse trancher la question par voie d'autorité. On reste donc sous l'empire de ce que commande la nature des choses et des droits dont il s'agit. Or, le droit de propriété internationale est, comme toute espèce de droit, une conception immatérielle; par sa nature, il n'exige pour exister aucun acte physique d'exécution; sans doute, pour qu'il puisse être exercé, la possession est indispensable, et l'ordre régulier des choses veut que la possession marche avec la propriété; mais il ne faut pas confondre l'existence du droit avec l'exercice; et l'on peut être propriétaire, quoiqu'on ne soit pas possesseur. La nature des choses et du droit de propriété emporte donc cette conséquence, que le seul concours des volontés, quand il se présente du reste dans toutes les conditions voulues, suffit pour transférer le droit de propriété d'une personne à une autre. C'est la décision que notre Code civil a adoptée, même pour la propriété privée, malgré les inconvénients d'erreur ou de fraude qui peuvent en résulter entre particuliers. A plus forte raison doit-il en être ainsi entre nations pour la propriété d'État à État, au sujet de laquelle les mêmes inconvénients ne se présentent guère. Il se produit alors, par suite de la convention, cet effet instantané dont nous avons parlé; savoir : que si la nation qui s'est obligée valablement à transmettre le droit de domaine international sur un territoire est propriétaire de ce territoire, l'obligation naît et la transmission est effectuée au même moment. L'effet suit la cause sans autre intervalle qu'un intervalle de raison; il ne reste plus que l'obligation de livrer à l'État acquéreur la possession du territoire, qui, dès ce mo-

ment, lui appartient. Si, au contraire, l'État n'est pas propriétaire du territoire qu'il s'engage à céder, son obligation de transmettre le territoire en propriété subsiste même après qu'il en a fait la tradition, puisque cette obligation n'est pas exécutée. Cette analyse est un peu subtile, mais elle est exacte.

124. Du reste, comme, en fait, il est difficile, non-seulement que les contrats de cession de territoire entre deux États demeurent ignorés des autres États, mais encore qu'une nation, après avoir cédé un territoire, en dispose en faveur d'une autre nation dans l'intervalle de la cession à la remise, la question de savoir quel est le moment précis de la translation de propriété est-elle, jusqu'à présent, restée une question du domaine de la théorie. Dans la pratique[1], les actes de cessions, d'échanges, de ventes, de donations, énoncent ordinairement que

[1] Voyez, par exemple : Echange du Holstein et de ses dépendances contre les deux comtés d'Oldenbourg et de Démenhorst entre la Russie et le Danemarck ; MOSER's *Versucht*, V Buch., VII Cap., § 5. « Nous, Paul, par la grâce de Dieu, prince impérial, successeur et grand-duc de toutes les Russies, etc...

« Vu donc qu'en conséquence de ce traité, et par l'acte de cession expédié sous la date d'aujourd'hui, nous avons déjà cédé et transporté en pleine propriété notre dite part au duché de Holstein, avec ses dépendances, à S. M. le Roi de Danemarck et de Norwège, et à ses descendants mâles, ainsi qu'à toute la maison royale de Danemarck dans la succession masculine; que la possession de ces pays sera incessamment remise à Sadite Majesté ;..... A ces causes, nous vous mandons et ordonnons à tous et chacun, voulons et nous plaît que, dès à présent, vous reconnaissiez Sadite Majesté le Roi de Danemarck et de Norwège et ses descendants mâles, ainsi que toute la maison royale de Danemarck en ligne masculine, pour vos seuls gracieux et légitimes seigneurs, etc... »

Donné à Czarsko-Zelo, le 20-31 mai 1773, et publié à Kiel, le 5-16 novembre 1773.

Voyez encore la cession de la Louisiane par la France aux États-Unis, moyennant la somme de 60 millions, dans la convention du 30 avril 1803, conclue entre le Premier Consul de la République française, au nom du peuple français, et le Président des États-Unis d'Amérique. MARTENS, *Recueil* S. t. III, p. 464.

la souveraineté territoriale est transmise d'une nation à l'autre au moment de la ratification du traité, et disposent sur le temps et sur le mode, quant à la prise de possession. Et au fond, en l'absence de toute loi générale positive, le mieux est toujours de bien déterminer les droits par le traité, qui est la loi particulière des contractants.

CHAPITRE II.

RÉUNIONS PROVENANT DE LA PERSONNE DU PRINCE.

Ces réunions ne doivent pas se ranger, en droit, au nombre des moyens d'acquérir la propriété d'État à État. — Effet utile qu'elles ont eu dans le passé.

125. Le droit de propriété d'État à État, comme nous l'avons déjà vu, est un fractionnement de la souveraineté extérieure : c'est la souveraineté extérieure territoriale, en prenant ce mot de souveraineté dans sa plus haute et dans sa plus large acception. Or, en principe, la souveraineté extérieure, comme la souveraineté intérieure, réside dans la nation, qui ne reconnaît en dehors d'elle ni au dedans aucun pouvoir supérieur à elle-même. Le droit de propriété d'État à État appartient donc à la nation, comme la souveraineté dont il n'est qu'un démembrement.

126. Et ceci est vrai quelle que soit la forme du gouvernement. Mise hors de doute dans les États républicains, cette vérité de droit est encore bien sentie dans les monarchies constitutionnelles : le prince, qui, dans ces monarchies, exerce, soit à l'intérieur, soit à l'extérieur, un pouvoir défini par la constitution et prenant sa source légale dans cette constitution, ne peut pas prétendre, sans être en désaccord avec la nature du gouvernement, être investi de ce pouvoir en vertu d'un droit supérieur et surhumain, qui serait inhérent à sa personne; la

force des institutions oblige à reconnaître qu'il n'en est légitimement chargé qu'en vertu d'une délégation de la nation : soit une délégation toute personnelle dans un État électif, soit une délégation héréditaire, lorsqu'un ordre de succession au pouvoir a été constitué comme une garantie plus certaine de la tranquillité publique. La souveraineté, et par conséquent la propriété d'État à État, le droit d'user, de disposer du territoire et d'y commander souverainement, est reconnu résider toujours dans la nation ; l'exercice seul en est délégué au prince, comme premier magistrat, dans la mesure déterminée par les lois fondamentales de l'État. Enfin, même dans les monarchies où le pouvoir du prince est illimité et où c'est le prince qui prend le titre de souverain, il s'appuie encore indirectement sur les droits nationaux ; et, sauf à se considérer comme l'organe omnipotent, comme la représentation incarnée de la nation, sauf à dire, au besoin : l'État c'est moi, la nation c'est moi, il proclame et défend au dehors, dans ses relations avec les autres peuples, la souveraineté et l'indépendance de l'État, la souveraineté et l'indépendance de la nation.

127. Ainsi, pour apprécier les acquisitions ou les pertes de propriété internationale, il faut se placer au point de vue de la nation et de son territoire, et non pas au point de vue de la personne du prince et de sa puissance. Il y a acquisition ou perte pour la nation lorsque son territoire est accru ou diminué ; mais les changements dans le pouvoir ou dans la personne du prince sont des questions de droit intérieur, et ne sont pas des changements, des acquisitions ou des pertes de propriété territoriale d'État à État.

128. Supposons, par exemple, dans un État électif, qu'un prince soit élevé sur le trône par le suffrage du peuple, ou bien dans un État héréditaire, que les lois de succession régulière, à la mort du prince, amènent à la royauté l'héritier présomptif ;

ou, même encore, que le vœu de la nation sollicite un changement de dynastie et appelle à la couronne une autre branche : dans ces différents cas, on ne peut pas dire qu'il y ait acquisition de la propriété territoriale au profit de ce prince élu, de cet héritier ou de cette dynastie nouvelle ; il y a délégation de l'exercice du pouvoir suprême, mais le droit de domaine international sur le territoire n'a pas subi de modification ni de changement de personne, il réside toujours, tel qu'il était auparavant, dans la nation. Supposons même que le prince appelé au trône dans un État fût déjà investi dans un autre État du pouvoir du gouvernement : les deux États, pour avoir le même homme comme chef, ne se confondent pas ; les deux territoires et les droits de propriété internationale qui s'y appliquent ne vont pas accroître l'un à l'autre, ni le premier au second, ni le second au premier ; ils restent distincts, et chaque droit réside toujours en chaque nation. Ni dans l'une ni dans l'autre de ces hypothèses, il n'y a d'acquisition ni de changement de propriété internationale. Le droit de propriété internationale est un droit entre nations, il ne peut prendre naissance que dans un rapport de nation à nation. Il faudrait la fusion des deux nations pour qu'il y eût fusion des territoires et des droits de domaine international.

129. Ainsi, dans un État où l'idée de nation est suffisamment développée, où les vérités de raison que nous venons d'exposer sont comprises, où l'on sent que le territoire sur lequel la population vit et travaille, que tous, propriétaires ou non, exploitent et dont tous profitent d'une manière ou d'autre, forme, entre les peuples, le domaine collectif de la nation : dans un pareil État, l'accroissement ou le décroissement de puissance de la maison des princes chargés d'exercer une partie quelconque de la souveraineté, les dévolutions nouvelles ou les dévestitures survenues à ces princes en d'autres pays, ne peuvent se confondre avec

des acquisitions ou des aliénations de territoire pour la nation elle-même.

130. Lorsque la maison de Brunswick-Hanovre fut appelée, dans la personne de Georges Ier, descendant de Jacques Ier par les femmes, à succéder aux Stuarts sur le trône de l'Angleterre, qui avait accompli sa révolution, les possessions de cette maison en Allemagne ne furent point réunies au territoire de la Grande-Bretagne. Plus tard, ces possessions furent érigées en royaume et reconnues sous ce titre par les traités de 1815[1], les rois d'Angleterre réunirent ainsi deux couronnes sur leur tête; mais les deux royaumes ne furent pas confondus et n'en constituèrent pas moins deux États entièrement différents, quoique placés sous le même prince.

131. Les différentes réunions, souvent rompues et souvent reproduites, de la Norwège passant alternativement sous un même prince avec la Suède ou avec le Danemarck; la réunion de ces trois royaumes sous la reine Marguerite, en 1387, réunion réglée plus tard dans une assemblée générale par le fameux traité de Calmar en 1396; et de nos jours, depuis 1814, celle de la Suède et de la Norwège, nous offrent de nouveaux exemples de cette distinction, remontant par leur origine jusqu'au treizième et au quatorzième siècles.

132. Cependant, si ces vérités sont faciles à concevoir aujourd'hui que l'on reconnaît l'existence de la souveraineté dans la nation elle-même, elles étaient beaucoup plus confuses autrefois, lorsque le prince était considéré comme ayant la souveraineté en lui-même. L'idée de nationalité n'était pas bien dégagée. Après le démembrement de l'empire de Charlemagne, l'État de l'Europe, morcelée par le système féodal en une foule de petites seigneuries, mal rattachées, d'anneau en anneau, à

[1] Acte final du Congrès de Vienne, art. XXVI.

un pouvoir supérieur presque sans force, ne pouvait pas développer tout d'abord l'élément national. Les intérêts des maisons régnantes apparaissaient d'une manière plus tranchée, et dominaient ceux des gouvernés. Dans un tel état de choses, on conçoit que les successions, les testaments, les partages, les mariages, les donations au profit ou au détriment des princes aient été effectivement des causes de démembrement ou d'acquisition pour leurs États. Celui qui se livrerait à l'étude curieuse de la formation des territoires appartenant aux États actuels de l'Europe, y retrouverait à chaque pas l'influence de pareils événements [1].

133. Du reste, ces idées ont eu un effet heureux, celui d'amener en Europe la tendance à l'unité, et de remédier aux maux nés de la division à l'infini, engendrée par la féodalité. Sous l'empire de cette influence des maisons régnantes, les petites possessions éparpillées dans les diverses familles nobles se sont réunies successivement dans des familles qui ont pris dès lors plus d'importance, et sont arrivées à constituer la plupart des États existants aujourd'hui en Europe.

134. Ces idées ont encore produit, particulièrement en France, un autre résultat analogue : elles ont aidé à constituer l'unité territoriale intérieure, en réunissant successivement sous le pouvoir immédiat du roi les pays qui ne lui étaient soumis primitivement que par l'intermédiaire des vassaux. La loi salique, en interdisant la succession par les femmes, empêchait la réunion du royaume aux États d'un autre prince par suite d'un mariage, sans mettre obstacle aux acquisitions que pourraient faire nos rois au moyen des dots de leurs femmes. D'un autre côté,

[1] Ce travail historique, sur la formation du territoire des principaux États européens, a été entrepris par M. Mignet, dans une série de Mémoires dont il a commencé la lecture devant l'Académie des sciences morales et politiques.

la loi du royaume qui réunissait d'une manière définitive au domaine de la couronne les fiefs particuliers du prince arrivant au trône, tendait continuellement à ramener sous le pouvoir immédiat des rois les provinces rattachées seulement jusqu'alors par le lien du droit féodal, en mettant en même temps obstacle, pour l'avenir, à un démembrement qui pût les soustraire à ce pouvoir royal.

135. Nous voyons ainsi réunis successivement au domaine de la couronne : — par héritage : le Languedoc, sous Philippe le Hardi; la Provence, le Maine et l'Anjou, sous Louis XI ; —par mariage : la Champagne, sous Philippe le Bel; la Bretagne, sous François Ier ; — le Béarn, le comté de Foix et une partie de la Gascogne, patrimoine de Henri IV, par suite de son avénement au trône ; — le Dauphiné, par donation, sous Philippe de Valois.

136. Mais si l'on ne peut se dispenser de signaler comme un fait remarquable l'influence de ces idées du moyen âge, qui ont eu la puissance d'aider à former des États et à constituer l'unité intérieure au moyen de réunions provenant du fait de la personne du prince, on doit reconnaître que dans un État où le sentiment de la nation sera suffisamment développé, ces effets ne pourront se produire; et tout en les mentionnant comme résultats, utiles peut-être pour le temps où ils se sont accomplis, il faut avouer qu'il est difficile de les justifier comme droit, et qu'on ne peut, en conséquence, les compter rationnellement au nombre des moyens d'acquérir la propriété d'État à État.

CHAPITRE III.

DÉCISIONS ARBITRALES, ET RÉSULTAT DE LA GUERRE.

Dans quels cas les décisions arbitrales opèrent translation du domaine international. — Cette translation n'est pas effectuée, en cas de guerre, par l'occupation, mais seulement par le traité qui termine la guerre.

I.

137. Les jugements peuvent-ils aussi être une cause de translation de propriété internationale d'un État à un autre?

138. Mais d'abord, même entre particuliers, et dans les règles du droit civil privé, comment un jugement pourrait-il avoir pour effet de faire acquérir un droit de propriété? Lorsque deux contestants sont devant des juges pour subir une décision sur un droit litigieux, chacun d'eux prétend avoir le droit qui fait l'objet de la demande; le juge décide quel est celui des deux qui lui paraît bien fondé dans sa prétention; il reconnaît un droit préexistant; il prête à ce droit l'appui de la force publique pour qu'il puisse produire ses effets; mais il ne le crée pas, il ne le fait pas naître. Comment un juge qui arrive à la conviction que tel des contestants a un droit de propriété sur tel bien pourrait-il ne pas le lui reconnaître dans son jugement; ou comment pourrait-il le reconnaître au profit de celui auquel il ne supposerait pas que ce droit appartient au moment de la contestation? L'effet des jugements, en général, est donc de prêter l'appui de la force publique pour l'exécution du droit, de donner naissance à une obligation particulière qui naît de la condamnation, et non pas de créer des droits de propriété.

139. Il est cependant quelques cas exceptionnels dans lesquels le jugement lui-même donne naissance à un droit de propriété.

140. On connaît, en droit romain, les trois actions *communi dividundo, finium regundorum, familiæ erciscundæ,* dans lesquelles les jurisconsultes nous signalent cette anomalie particulière que le juge y recevait du Préteur le pouvoir, non-seulement de prononcer des condamnations personnelles, mais même de transférer des droits de propriété d'une partie à l'autre.

141. Dans l'action pour le partage d'une chose commune (*communi dividundo*) ou d'une hérédité (*familiæ erciscundæ*), les parties étaient en instance pour arriver à la division d'un bien (objet particulier ou universalité) qui leur appartenait en commun. Chacune d'elles, jusqu'à ce moment, était copropriétaire, pour sa part, de la totalité du bien ; chaque partie de ce bien, quelque petite qu'elle fût, était la propriété commune de chacun des copropriétaires ; aucun d'eux n'avait, sur une partie quelconque du bien, un droit qui n'appartînt également aux autres, proportionnellement à leur part dans le tout. Le juge, qui recevait la mission d'opérer le partage, devait changer la portion indivise de chacun des copartageants en une portion divise, substituant un droit propre et exclusif au droit commun entre les parties. Le Préteur lui donnait pour cela le pouvoir de conférer dorénavant, par son *adjudicatio*, à chaque partie, la propriété exclusive d'un lot déterminé, ou même si l'objet n'était pas commodément et utilement divisible, de l'attribuer en totalité à un seul, moyennant compensations pécuniaires ; de telle sorte que chaque adjudicataire, en échange de ses droits de propriété indivise dans le lot des autres, ou des compensations qu'il payait en argent, recevait la part indivise de propriété que les autres avaient dans son lot. Son nouveau droit, quant à ces parts indivises qui ne lui appartenaient pas auparavant, prenait donc naissance dans l'adjudication prononcée par le juge. Bien qu'en réalité les choses se passent encore ainsi aujourd'hui, et qu'un partage contienne toujours néces-

sairement des aliénations par échanges réciproques ou par vente entre les parties, cependant notre droit civil français ne les considère plus de la même manière. Dans l'intérêt des tiers, il a voulu que les droits des copartageants fussent réglés comme si chacun d'eux avait eu en propre, dès l'origine, la part qui lui est assignée ; comme si le juge qui fait le partage reconnaissait son droit de propriété exclusive sur cette part et ne le créait pas ; c'est ce qu'on appelle la fiction du partage déclaratif de propriété ; de telle sorte que les jugements, dans ce cas, ne sont plus considérés chez nous comme opérant des translations de propriété, quoiqu'ils en opèrent en effet.

142. Dans l'action en règlement des confins (*finium regundorum*), il s'agissait de déterminer les limites de deux propriétés voisines ; le juge, après avoir reconnu quelles étaient les portions qui appartenaient à chaque propriétaire voisin, avait la faculté, si les limites n'étaient pas de nature à être reconnues facilement, de les modifier ; il pouvait prendre pour délimitation tel arbre, tel rocher, tel ruisseau, qui marquerait d'une manière plus fixe ou plus apparente les bornes de chaque propriété, et la loi lui donnait la faculté d'adjuger les portions qui se trouvaient en deçà de la limite nouvelle qu'il jugeait utile de fixer, quitte à compenser, dans son opération, ces sortes d'adjudications les unes par les autres, ou à condamner celui en faveur duquel elles étaient faites à un dédommagement pécuniaire. Cette exception aux fonctions du juge ne se rencontre pas non plus dans notre droit. Nos mœurs et nos tendances, surtout dans les lois issues de la première révolution, ont été, sans doute, d'exagérer les droits du propriétaire qui, récemment affranchi, tenait à être le maître le plus absolu chez lui ; et nous serions bien loin d'admettre chez le juge un pouvoir aussi étendu que celui de conférer au propriétaire voisin une partie de notre propriété pour arriver à établir une délimitation plus commode,

ainsi que cela avait lieu au moyen de l'adjudication des Romains.

143. Mais il est quelques autres cas, en droit français, où l'on peut considérer la propriété comme transmise par l'effet d'un jugement.

Dans le cas d'expropriation pour cause d'utilité publique, lorsque après l'arrêté motivé déterminant les propriétés dont la cession est reconnue nécessaire, arrêté rendu par le préfet après audition des parties intéressées, il n'a pas été possible d'arriver à des conventions amiables avec les propriétaires, le tribunal prononce l'expropriation pour cause d'utilité publique des terrains ou bâtiments indiqués dans l'arrêté du préfet, et la propriété est acquise à l'État en vertu de ce jugement.

De même, dans la saisie immobilière, l'adjudication des biens d'un débiteur insolvable, vendus aux enchères à l'audience, transmet à l'enchérisseur le droit de propriété sur l'immeuble saisi.

De même encore, en matière pénale, les jugements de confiscation, qui ne sont admis chez nous que pour certains objets particuliers, ont pour effet de transporter immédiatement du condamné à l'État la propriété des objets confisqués.

144. Ainsi, à l'exception de quelques cas spéciaux, les décisions judiciaires ne transmettent pas la propriété privée entre particuliers; et cette proposition principale est vraie pareillement quant à la propriété d'État entre les nations; car les raisons que nous en avons données sont des raisons tirées de la nature même des jugements et de la mission du juge : la démonstration est générale.

145. Mais ces cas exceptionnels, où les jugements peuvent être une cause d'acquisition, sont-ils de nature à se présenter entre nations ? Quant aux trois derniers, l'expropriation pour cause d'utilité générale, l'adjudication par suite de saisie, et

la confiscation, on ne parviendrait à concevoir quelque chose d'analogue entre les nations qu'au moyen d'assimilations subtiles, et en supposant dans les relations internationales un ordre de choses tout différent de celui qui existe. Nous les laisserons de côté. Rien n'empêche, au contraire, de concevoir, dans le système actuel, la possibilité d'une contestation entre deux États pour un partage de territoire ou pour un règlement de limites, contenant la nécessité ou l'opportunité, dans la décision du litige, de transmissions réciproques pour faire cesser l'indivision, ou pour rendre les limites plus convenables. Mais quel sera le juge de cette contestation? Les nations sont égales entre elles, elles sont indépendantes, elles ne reconnaissent pas d'autorité commune supérieure. Leurs querelles se vident par des conventions amiables ou par le sort des armes.

146. Il est vrai que les États mi-souverains se sont souvent astreints à subir le jugement des États auxquels ils ont enchaîné leur indépendance. D'après l'organisation de la Confédération germanique de 1815, les États composant cette confédération devaient soumettre leurs différends à la diète; ceux de l'Union américaine doivent subir les décisions du congrès; mais, comme nous l'avons déjà vu, ces États ayant aliéné une partie de leur indépendance, ont aliéné également une partie de leur droit de souveraineté territoriale : ce droit ne réside plus, en son entier, que dans l'ensemble de ces États, lequel ne reconnaît aucun juge supérieur.

147. Pareillement, dans le système féodal, les États des vassaux pouvaient être soumis aux décisions de leur suzerain supérieur, soit pour leurs contestations entre eux, soit pour leurs contestations avec lui. Les empereurs d'Allemagne ont été souvent appelés à rendre des décisions entre leurs vassaux relativement à l'étendue de leurs domaines ; plusieurs provinces de France ont été réunies au domaine de la couronne par

suite de la confiscation prononcée par le roi : confiscation qui n'était, dans le régime féodal, que la peine naturelle, la déchéance et le retour du fief au suzerain pour félonie, c'est-à-dire pour violation du contrat par le vassal. Mais aussi, nous l'avons déjà dit, la plénitude de la propriété internationale ne résidait que dans la nation entière, représentée dans la personne du monarque, et non dans chacune des seigneuries qui relevaient de lui.

148. Cependant, si les États indépendants ne sont dans la nécessité de reconnaître aucun juge supérieur, s'il n'y a pour eux aucune juridiction forcée, rien ne les empêche de soumettre, de leur propre gré, leurs différends à une ou à plusieurs tierces puissances, dont ils agréent l'intervention; en un mot, ils peuvent reconnaître un jugement arbitral, et se trouver soumis ainsi à une juridiction volontaire. C'est alors que ce que nous avons dit des jugements entre particuliers trouve son application : lorsque les États auront soumis à l'arbitre de leur choix la solution d'une contestation sur la propriété internationale d'un territoire, le jugement qu'ils se seront engagés à reconnaître ne donnera pas naissance à un droit nouveau; il n'opérera pas de transmission de la propriété internationale d'un État à un autre; ce jugement ne sera que la reconnaissance, la déclaration, en faveur de la partie gagnante, du droit de propriété préexistant : déclaration à laquelle les États contestants seront forcés de se soumettre en vertu de la convention arbitrale qu'ils auront formée en acceptant des arbitres.

149. Pour qu'un jugement arbitral puisse être une cause de translation de propriété entre nations, il faut que ces nations aient voulu conclure une transaction dans laquelle elles aient consenti à échanger, à céder ou à abandonner réciproquement des droits de propriété territoriale, et qu'elles aient laissé les arbitres libres de fixer les bases et les sacrifices de cette

transaction, en s'obligeant d'avance à se soumettre au résultat de l'arbitrage : dès lors, l'arbitre peut, sans sortir des pouvoirs qui lui ont été conférés, non-seulement reconnaître tel ou tel droit préexistant, mais créer même un droit nouveau de propriété internationale, en décidant, dans la transaction, que telle puissance abandonne la souveraineté de telle province, pour la céder à l'autre État; et sa décision devient la cause de l'acquisition de ces territoires cédés.

150. On peut encore supposer que la contestation a pour objet un partage de territoire ou un règlement de limites à faire entre les deux États, et que ces États s'en sont référés pour l'opération à une décision arbitrale, en donnant aux arbitres : dans le cas de partage, le pouvoir de faire les adjudications de lots nécessaires ; ou, dans le cas de règlement de limites, le pouvoir d'opérer des cessions réciproques entre les deux États afin de fixer les limites d'une manière plus convenable.

151. Toutefois, ces cas ne se rencontreront pas fréquemment, dans la pratique, avec cette plénitude de pouvoirs conférés aux arbitres. Il est rare que deux nations consentent à confier, sans aucune restriction, à une tierce puissance le pouvoir de décider, et bien plus, de transiger définitivement sur leurs droits de propriété territoriale ; presque toujours, les contestants se réservent la faculté de ratifier les conventions qui leur seront proposées, et, dès lors, la transaction qui leur est offerte n'est qu'une pollicitation qui n'engendre d'obligation ou de droit qu'autant qu'elle est ratifiée; le droit naît de l'acceptation de ces conditions, et non pas de la décision des arbitres.

II.

152. A défaut de conciliation, lorsque les États contestants n'ont pas voulu transiger ou soumettre leur différend à un arbitre, la guerre reste la seule procédure entre eux, et le résultat forme le jugement.

153. Est-ce à dire que la guerre, que la conquête soient des moyens légitimes d'acquérir la propriété d'État entre nations?

Les peuples anciens semblent n'en avoir fait aucun doute. Chez les Romains surtout, dont la législation nous est mieux connue, c'était une croyance érigée en système. Les Romains se considéraient comme les maîtres prédestinés du monde; le domaine quiritaire était un droit propre au seul citoyen romain; l'étranger, tant qu'il n'était pas soumis, était désigné par le mot de *hostis*, l'ennemi; la lance était l'instrument d'acquisition par excellence : objets mobiliers pris sur l'ennemi, hommes réduits en esclavage, s'acquéraient par elle; elle servait même de symbole aux revendications ou aux transmissions du domaine quiritaire entre citoyens : il était donc tout naturel que la guerre fût pour l'État un moyen d'acquérir des territoires.

154. Des idées analogues se présentent dans les temps de barbarie : les peuples venus du Nord n'ont guère d'autres titres que celui de conquérants sur les pays dans lesquels ils se sont établis; la religion des Turcs, dont le moyen de propagation est la conquête, leur défend de faire des traités de paix perpétuels; ils ne peuvent rigoureusement conclure que des trêves, comme s'ils étaient destinés à subjuguer successivement le monde pour le soumettre à la religion de Mahomet.

155. Mais, dans les idées des peuples civilisés, toutes les nations sont égales; la souveraineté de l'une sur son territoire ne peut être reconnue par les autres, qu'à condition, pour celle-

là, de reconnaître la souveraineté de celles-ci; aucune ne peut être fondée à se regarder comme destinée à envahir successivement et à faire passer sous sa domination les peuples qui composent un autre État.

156. La guerre ne doit pas être considérée comme un moyen d'étendre sa puissance ou d'élargir ses domaines; mais comme une nécessité fatale, suite inévitable du droit d'indépendance, nécessité qui ne disparaîtrait, s'il était possible de réaliser les projets de congrès universels déjà suggérés, dit-on, par Sully à Henri IV, qu'en mettant au-dessus des divers États une autorité collective et commune, et par conséquent en rayant des droits des nations le droit d'indépendance absolue qui existe aujourd'hui. La guerre est une procédure entre puissances qui ne reconnaissent pas de supérieur légitime. Elle ne doit donc être entreprise par une nation que lorsque cette nation y est contrainte par une violation ou par une contestation sérieuse de quelque droit essentiel, et lorsque les moyens pacifiques pour la prévenir ont été vainement épuisés.

157. Une fois qu'on a admis cette nécessité de la guerre comme procédure, et de l'issue des batailles comme jugement, pour vider les contestations entre les États, la logique est inflexible; elle tire ses conséquences; le sentiment abstrait du juste pourra s'en trouver froissé, mais la conclusion suit le principe : prenez-vous-en au principe et non aux déductions qu'en a fait sortir le raisonnement. C'est à la force, à l'habileté ou à la fortune des armes que vous êtes contraint de vous en remettre pour la décision du droit : à moins d'augmenter encore cette calamité par l'absence de toute règle et de tout frein, il faut bien que vous la traitiez comme une véritable procédure, et que vous donniez à la solution qu'elle amène, l'autorité d'un règlement sur le droit. Les nations belligérantes sont forcées de se soumettre à cette solution; les puissances

neutres, elles-mêmes, doivent en accepter les résultats. Nos pères, même entre particuliers, avaient le jugement par la bataille : ils en traitaient la lutte avec l'impartialité voulue dans les actes de justice, et l'issue avec la déférence due à un jugement de Dieu. Jusqu'en ce point nous retrouvons un parallélisme entre les coutumes du droit privé et celles du droit international.

158. Une conséquence de ces observations, c'est que tant que la guerre n'est pas terminée, l'impartialité commande aux États neutres de considérer les belligérants comme étant chacun dans l'exercice de son droit; jusque-là la légitimité ou l'illégitimité de leurs prétentions respectives, aux yeux de ces États, reste en question. Sans doute, l'opinion publique, qui n'est pas engagée dans les liens de la diplomatie, prend parti pour l'une ou pour l'autre des causes; l'homme dont les passions du moment n'égarent pas la raison et qui est habile à discerner le juste de l'injuste, les apprécie en elles-mêmes; l'histoire attend pour les juger. Sans doute encore les États qui ne sont pas dans la querelle peuvent s'entremettre par des conseils, par des observations, par des actes officieux, par des offres de médiation, et apporter le poids de leur influence pacifique en faveur de celle des deux causes qui leur paraît la mériter; mais, à part cette influence toute de persuasion, dans les actes de nation à nation ces États, tant que dure la lutte, n'ont que deux partis à prendre : ou bien entrer au rang des ennemis, en reconnaissant ou en contestant le droit de l'un ou de l'autre des belligérants, et en appuyant plus ou moins efficacement cette reconnaissance ou cette contestation; ou bien garder la neutralité et attendre, pour la solution des prétentions respectives, l'issue de la lutte.

159. Cette issue n'existe pas encore dans les revers que le sort des armes inflige à l'un des belligérants. Tant qu'il y a résistance, tant que le peuple abattu par les événements, mais

qui se croit sûr de sa bonne cause, persiste dans ses prétentions et continue à soutenir le combat, nul État neutre ne peut considérer ces prétentions comme jugées ; nul ne peut dire que le résultat actuel soit le résultat définitif.

160. Et même la cessation de toute résistance, l'impossibilité décisive de se défendre, ne sont pas encore l'issue de la guerre. Ce peut être l'issue en fait; mais tant qu'il n'y a pas eu pacification, l'état de guerre subsiste; l'issue de droit n'a pas encore eu lieu. Or, la pacification ne s'opère que par le traité de paix qui vient à la suite de la guerre et qui l'éteint. C'est donc ce traité de paix seul qui détermine, qui arrête les droits des parties; et si, au nombre des conditions de la paix, la nation vaincue consent des cessions de territoire, c'est par le traité que l'aliénation a lieu et que la transmission de la propriété internationale est effectuée ; jusque-là l'occupation militaire, les prises de possession n'ont été que des faits de guerre et des moyens de contrainte, inhabiles à fonder des droits de propriété. C'est ainsi que la raison internationale mitige par quelques idées de droit les rigueurs d'un mode de solution qui a son principe dans la force.

161. Une nation qui méconnaîtrait ces règles, qui reconnaîtrait comme valable, avant la ratification dans un traité de paix, la conquête faite durant la guerre sur une autre nation, qui obtiendrait, par suite d'arrangements avec le vainqueur, la possession du pays conquis, sortirait par là même de la neutralité, se rangerait au nombre des ennemis de l'État qui soutient la guerre, et se soumettrait aux chances du combat.

162. Il résulte de ce qui précède que lorsque le pays occupé, dans les chances de la guerre, par le vainqueur et dont aucun traité n'avait consenti la cession, est repris par son ancien possesseur, il revient dans les mains de ce dernier sans qu'aucune des aliénations faites par le possesseur temporaire puisse être

considérée comme valable, et les choses rentrent dans leur état primitif. C'est ce que les publicistes du droit des gens appellent, d'après une expression des jurisconsultes romains, le droit de *postliminium*.

163. Bien que ce qui concerne la propriété des objets mobiliers n'entre pas dans notre sujet, disons, en passant, que le principe que nous venons d'exposer s'y applique : la conquête ne donne pas plus un droit de propriété valable sur les meubles que sur les immeubles. Il est vrai, cependant, que, d'après les conventions et les usages du droit des gens volontaire, on admet pour les meubles une prescription au bout de laquelle ils restent la propriété incommutable de celui qui se les est appropriés dans une guerre en forme. Le temps requis pour cette prescription est généralement fixé à vingt-quatre heures; d'autres nations exigent, pour les prises maritimes, qu'elles aient été conduites en lieu de sûreté. Mais c'est là une dérogation conventionnelle, nécessitée par la difficulté de distinguer et de reconnaître les objets mobiliers, et conforme aux tendances modernes dans lesquelles on est fort porté à ne point suivre la filière des possesseurs de meubles; en droit français on ne peut les hypothéquer, et la prescription pour les acquérir est d'une durée encore plus courte, puisque le principe général « en fait de meubles possession vaut titre » établit une sorte de prescription instantanée qui s'opère au profit du possesseur.

164. Mais, à part cette exception usuelle qui reconnaît, au bout d'un temps fort court et avant tout traité, la propriété du butin ou des prises maritimes, nous devons tenir pour certain, comme c'est, en effet, l'état actuel du droit des gens en Europe, que la guerre est une procédure dans laquelle le jugement n'est définitif et ne produit d'effet de droit, quant à la propriété, qu'en vertu et à partir du traité par lequel la guerre est terminée.

165. S'il en était autrement, il faudrait légitimer les actes les plus iniques; un peuple pourrait se précipiter sur un autre pour lui ravir son territoire; il ne serait plus nécessaire d'établir et de déterminer avec tant de soin les cas dans lesquels une première occupation peut être juste, ni surtout d'exiger qu'elle n'ait lieu que sur un territoire n'appartenant à personne, dès qu'on admettrait que la conquête seule pourrait produire la transmission de la propriété d'État à État.

166. Mais si l'occupation militaire, si la conquête ne suffisent point pour transférer le domaine international, il ne faut pas conclure pour cela qu'elles ne produisent aucun effet jusqu'au traité définitif. De ce que, dans la guerre, jusqu'à ce qu'elle soit terminée, les parties belligérantes sont considérées comme étant chacune, de part et d'autre, dans l'exercice de leur droit, il suit que l'occupation militaire, la possession du pays ennemi par le vaiqueur ne peut être traitée comme une occupation violente, contraire au droit; elle constitue, au contraire, une possession valable; le vainqueur peut faire sur le territoire par lui occupé les actes d'un possesseur de bonne foi; il peut percevoir les impôts, exercer l'autorité, la juridiction; les nations étrangères sont obligées, si elles veulent rester neutres, de reconnaître cette possession; et la nation belligérante elle-même, lorsqu'elle viendrait à s'emparer de nouveau du pays, ne pourrait revenir sur ces actes, qui impliquent, non pas une propriété définitive, mais une possession intérimaire.

167. Mais le vainqueur ne peut valablement faire aucun des actes qui supposent un droit de domaine international : il ne peut pas vendre les biens, hypothéquer le pays, aliéner le territoire au profit d'une nation étrangère, en disposer d'une manière quelconque ; son pouvoir est passager comme les chances de succès qui le lui ont donné, et ce pouvoir expire avec la possession, rien n'en devant rester après elle.

168. L'occupation peut encore avoir un autre effet, c'est de servir de juste cause, en droit international, pour la translation de propriété faite par le traité qui met fin à la guerre.

En effet, les nations belligérantes se sont soumises au sort des armes; lorsque l'une d'elles, après avoir fait tous les efforts qu'elle a jugés possibles, se résigne à abandonner une partie de son territoire plutôt que de soutenir plus longtemps la lutte, le caractère de procédure et de jugement attribué à la guerre et à l'issue de la guerre par le droit international ne permet pas que cette partie soit admise plus tard à prétendre que les succès de l'autre n'ont été que des actes de contrainte, par lesquels son consentement aurait été vicié; elle ne peut pas prétendre n'avoir agi que comme violentée, ni considérer, en conséquence, le traité qu'elle a signé comme un acte dénué de valeur. Sans doute, c'est la consécration de la guerre comme procédure, comme jugement, c'est-à-dire la consécration des résultats de la force ou de la fortune des armes : le principe étant vicieux, nous trouvons encore une conséquence qui peut froisser le sentiment abstrait du juste; mais si cette conséquence n'était pas admise, en l'absence de tout pouvoir et de tout autre mode de procédé judiciaire, les résultats seraient bien plus désastreux encore : les guerres seraient interminables, les traités ne seraient que des trêves de mauvaise foi faites par une nation pour reprendre les moyens de se relever plus fortement ensuite; il n'y aurait d'autre fin possible de la guerre, que l'extermination complète de l'ennemi.

169. Dès qu'un traité définitif est intervenu, portant cession du territoire occupé par le vainqueur, la possession de ce dernier se transforme immédiatement en domaine international, par le seul consentement de l'État cessionnaire. Il n'y a pas à distinguer, pour le décider ainsi, entre l'opinion de ceux qui exigent une prise de possession pour que la propriété interna-

tionale soit transférée par suite de convention, et ceux qui ne l'exigent pas. En effet, par suite de l'occupation militaire, le vainqueur se trouvant déjà, de fait, en possession du territoire, le consentement de l'État propriétaire est la seule condition qui manque à ce vainqueur pour parfaire son droit de souveraineté. Dès que ce consentement lui est donné, il peut pleinement disposer du territoire, il peut l'aliéner valablement; et si jamais ce territoire repassait, par suite d'une guerre et d'un traité postérieurs, sous la souveraineté de la nation à laquelle il avait primitivement appartenu, tous ces actes seraient valables, et on ne pourrait invoquer à ce sujet aucun droit de *postliminium*.

170. Enfin, l'occupation militaire, suivant plusieurs écrivains de droit international, pourrait encore avoir un dernier effet · elle pourrait servir de base à la prescription et conduire ainsi, avec le temps, à la propriété d'État à État elle-même, dans l'opinion de ceux qui admettent la prescription comme moyen d'acquérir cette propriété entre les nations, et qui voient dans l'occupation militaire les caractères d'une possession suffisante à fin de prescrire.

CHAPITRE IV.

ACQUISITION DU DOMAINE INTERNATIONAL PAR UN CERTAIN TEMPS DE POSSESSION.

Fondement rationnel de ce mode d'acquisition. — Comment et sous quelles conditions la prescription acquisitive a lieu en droit international.—Elle ne s'applique pas au droit de souveraineté intérieure ou extérieure, ni à la nationalité.

I.

171. Nous savons comment l'homme, par l'application de son activité aux choses de la création, se les approprie ; comment, propriétaire, il peut transférer son droit à un autre ; comment ces transmissions, ces échanges successifs sont une des fonctions mêmes du droit de propriété. La destination nécessaire des éléments divers de la richesse ne saurait s'accomplir si ces éléments ne pouvaient passer de personne en personne, suivant que les besoins auxquels ils doivent satisfaire les appellent dans une main ou dans une autre.

C'est là une vérité, non-seulement pour les choses mobilières dont nous n'avons pas à nous occuper ici, mais encore pour les immeubles, pour le sol, qui rentrent spécialement dans l'objet de notre dissertation. A ne considérer que la propriété privée, il faut même dire que dans notre société et sur nos territoires déjà totalement appropriés, où, d'ailleurs, le principe général est posé que les immeubles vacants et sans maître appartiennent à l'Etat, c'est, non plus par l'occupation, mais par la transmission de personne en personne, que peuvent s'opérer les acquisitions immobilières.

172. Cependant, entre ces nombreuses et successives transmissions, ne pourra-t-il pas arriver que quelques-unes aient été faites sans réunir les conditions nécessaires pour opérer

un transport de propriété ? Qu'un vendeur, par exemple, frauduleusement ou par suite d'une erreur, livre à son acheteur un immeuble appartenant à autrui ; qu'un légataire apparent, dans l'ignorance d'un testament postérieur révoquant la libéralité qui lui avait été faite, soit mis en possession des immeubles, objet de cette libéralité révoquée; qu'une partie de terrain, dans les contrées, s'il en existe, où la question de l'occupation immobilière peut se présenter encore pour les particuliers, qu'une partie de terrain, se trouvant en apparence sans maître, soit occupée et cultivée par un autre que le propriétaire : il y a là des faits contraires au droit, qui, malgré la bonne foi du possesseur, ne peuvent donner naissance à une acquisition immédiate de la propriété ; on en pourrait supposer d'autres dans lesquels cette bonne foi n'existerait pas.

Mais lorsque depuis ces irrégularités un certain temps de possession s'est écoulé sans réclamation de la part du propriétaire primitif; lorsque l'on trouve ainsi en présence, d'une part, le propriétaire dont l'inactivité a laissé à l'abandon un des éléments de la richesse publique, et dont le silence a pu induire les tiers en erreur ; d'autre part, le possesseur qui a employé ce temps à agir ostensiblement sur la chose en qualité de propriétaire, et à faire produire à cette chose l'utilité pour laquelle elle est destinée : la situation de droit ne s'en trouve-t-elle pas modifiée?

Le droit de propriété, qui n'est qu'une abstraction, qu'une conception de la raison humaine, frappe-t-il les choses d'une manière indélébile quoique invisible ; les saisit-il par une attache perpétuelle, en dehors du monde des faits, et sans aucun devoir d'action de la part de celui qui en est investi ?

Le temps, qui renferme en soi l'idée de la durée, de la répétition et de la succession des phénomènes, un des agents de modification, de destruction et de génération pour les choses physiques, restera-t-il sans influence sur la modification, sur la destruction et sur la génération des droits ?

173. Si l'on est bien pénétré des vérités premières d'où la raison humaine a fait sortir la reconnaissance du droit de propriété; si l'on a bien compris que le fondement de ce droit n'est rien autre que le respect dû par tous à l'action de l'homme sur les choses susceptibles d'être appropriées aux besoins de notre existence; que, sous l'apparence d'une attribution exclusive, il n'y a dans ce droit qu'un moyen nécessaire de faire remplir à l'homme sa destinée, aux choses leur utilité, et de satisfaire à l'intérêt général par le ressort de l'intérêt privé; enfin que l'idée du droit cesse, du moment qu'on se place en dehors de ces conditions : on en conclura logiquement que le droit de propriété a pour corrélatif rationnel et indispensable certains devoirs d'action de la part du propriétaire sur sa chose. Quand le propriétaire, par une cause ou par une autre, délaisse l'exercice de son droit, et reste dans l'inertie, n'ayant plus de rapport avec sa chose, déjà il manque à ses fonctions, et l'intérêt général éprouve un préjudice, puisqu'un élément de la richesse se trouve rendu inutile par cette inactivité. Si on suppose que, pendant ce temps, un possesseur agit ostensiblement et sans obstacle sur cette même chose en qualité de propriétaire, et en tire l'utilité dont elle est susceptible, ce possesseur remplit, quant à la production et à l'usage de la richesse, quant à l'intérêt général qui s'y rattache, la lacune occasionnée par la négligence du propriétaire ; il restitue ou il maintient la chose dans sa destination. On conçoit néanmoins que le droit de propriété, par un effet tout métaphysique, et en considération du respect dû au travail antérieur, qui est toujours l'origine première de ce droit, doive se conserver un certain temps, nonobstant le silence et l'inertie actuelle du propriétaire. S'il en était autrement, le droit, réduit à une durée éphémère, prêt à céder

au moindre fait de possession, n'aurait aucune efficacité, et le fruit d'un long travail antérieur se trouverait injustement perdu en un instant; mais on conçoit aussi que cet effet tout métaphysique, que cette durée purement idéale ne puissent se prolonger indéfiniment; on conçoit qu'il vienne un instant où la considération du travail antérieur, origine de la propriété, se trouve détruite par celle du délaissement et de l'inertie qui se sont continués de manière à y faire compensation; un instant où le droit se reporte sur le possesseur dont l'activité a rempli et conquis le rôle de propriétaire, et où ce possesseur ne pourrait plus être dépouillé sans injustice.

Le même principe qui sert à fonder la légitimité du droit de propriété dans les acquisitions premières, sert à la fonder aussi dans cette espèce de transmission, par laquelle il s'opère à la fois une perte pour l'un et une acquisition pour l'autre. Appliquée à une chose qui n'appartient à personne, la prise de possession donne à l'instant même la propriété; appliquée à une chose qui appartient à autrui, mais que le propriétaire délaisse et néglige de réclamer, cette possession a besoin de se prolonger pendant un certain temps pour produire le même effet. Le travail contenu dans la prise de possession suffit au premier cas; il faut un travail plus long, plus continu au second cas, parce qu'ici on rencontre un autre travail antérieur, qui mérite d'être respecté dans le droit d'appropriation qu'il avait produit, jusqu'à ce que la considération en ait été effacée par la durée de la négligence d'une part, et du nouveau travail de l'autre. La longueur du temps peut varier, ou, pour mieux dire, doit varier suivant la nature des biens, suivant le degré de négligence du propriétaire, ou selon que l'erreur du possesseur est plus ou moins excusable, suivant qu'il y a bonne ou mauvaise foi de la part de ce dernier; mais, en définitive, plus court dans un cas, plus long dans l'autre, c'est toujours le travail qui engendre et qui légitime la propriété. Voilà le motif rationnel, décisif et radical de ce mode particulier d'acquisition, qui se rencontre fréquemment à l'égard de la propriété privée, que les jurisconsultes romains nommaient, avec beaucoup d'exactitude, *usucapio*, c'est-à-dire acquisition par l'usage, mais qu'aujourd'hui, par suite d'une confusion regrettable et dans un langage expliqué seulement par des souvenirs de formules et de procédure romaines, on désigne généralement sous le nom de prescription.

174. A côté de ce motif principal et déterminant par lequel se démontre la légitimité de la prescription, on en place d'autres qui ne sont qu'accessoires et secondaires.

L'inertie et le défaut de réclamation de la part du propriétaire, en se prolongeant, autoriseraient, dit-on, à présumer, au bout d'un certain temps, que ce propriétaire a renoncé à son droit de propriété et qu'il a voulu faire l'abandon de sa chose : présomption mal établie, en ce qui concerne les particuliers et la propriété privée, surtout celle des immeubles. Il faudrait que la propriété des immeubles, par suite des impôts, des charges diverses ou des lois qui pèseraient sur elle, fût devenue bien onéreuse, pour que de pareilles renonciations eussent lieu; on peut affirmer, en réalité, que dans la majeure partie des cas, pour ne pas dire dans tous, la cause de l'inactivité et du défaut de réclamation du propriétaire sera tout autre : un éloignement, un défaut de bonne gestion, une erreur, une ignorance de son droit. La présomption d'abandon serait donc, au rebours de ce que doit être une présomption, déduite, non pas de ce qui arrive le plus souvent, mais de ce qui n'arrive que par extraordinaire!

175. Une autre considération mieux fondée est celle de la perte possible ou de l'incertitude des moyens de preuve, du moment qu'on veut remonter à des temps trop reculés. Il est

difficile de vérifier les prétentions d'un réclamant qui ne se base que sur des titres anciens dénués du fait de la possession; difficile de reprendre le fil de toutes les mutations qui peuvent avoir eu lieu, pour retrouver celle qui aurait manqué d'un élément essentiel de validité; d'ailleurs, entre le moment éloigné où celui qui se prétend propriétaire prouve effectivement l'existence de son droit de propriété et le moment présent où le bien est entre les mains d'un autre, n'a-t-il pas pu s'effectuer une transmission de propriété en faveur du possesseur actuel ou de ses auteurs, transmission dont on pourrait avoir perdu la trace? Cette régularisation n'est-elle pas probable, et dans le doute n'est-il pas juste de la présumer?

176. Toutefois, une preuve que ce motif ainsi que le précédent ne sont qu'accessoires et secondaires, c'est qu'il pourra fréquemment arriver qu'ils fassent défaut, sans que l'effet de la prescription cesse pour cela d'avoir lieu. Vainement sera-t-il démontré d'une manière incontestable que le propriétaire primitif n'a jamais eu l'intention de renoncer à son droit de propriété, qu'il n'y a pas eu de mutation intermédiaire, ni d'événement de nature à couvrir l'irrégularité originaire: la prescription n'en restera pas moins acquise et fondée en droit; ce ne sont donc pas ces motifs qui en constituent la légitimité.

Il y a des inconvénients à vouloir s'étayer ainsi de plusieurs raisons accidentelles et équivoques, au lieu de s'en tenir au motif permanent et efficace, qui suffit à lui seul. Les raisons de cette nature, d'une part, précisément parce qu'elles sont contestables, engendrent et perpétuent les controverses; et, d'autre part, elles obscurcissent, elles effacent la notion du principe véritable et fondamental.

177. Enfin, des considérations d'intérêt public sont encore invoquées : comment la propriété elle-même pourrait-elle fonctionner, si les vices originaires de la possession, quelque lon-

gue qu'eût été cette possession, ne devaient jamais se couvrir? Comment acheter avec certitude un bien quelconque, s'il était nécessaire d'exiger d'abord du vendeur la preuve de la régularité de toutes les transmissions précédentes depuis les temps les plus reculés? Comment dès lors pourraient s'opérer la circulation et le mouvement des affaires, indispensables à la satisfaction des besoins divers? La multitude des procès est une calamité publique : comment ouvrir aux procès une carrière rétrospective sans fin ; et ne vaut-il pas mieux y couper court en marquant une limite fixe à ces retours vers le passé? Ce sont là des considérations tout utilitaires, qui, par conséquent, ne constituent pas une démonstration du droit. Pour cette démonstration il faut toujours en revenir au principe fondamental que nous avons exposé.

178. On a dit de la prescription qu'elle est la patronne du genre humain ; et cependant, d'un autre côté, on est porté généralement à la considérer comme renfermant en soi quelque chose de contraire à l'équité, et à voir avec peu de faveur celui qui en invoque le bénéfice. Cette opinion commune tient à l'idée exagérée qu'on se fait de la permanence du droit de propriété, et au défaut d'analyse exacte des vérités sur lesquelles ce droit est fondé. L'exposition que nous avons faite de ces vérités, jointe aux considérations d'intérêt public que nous avons signalées, fait voir qu'il y a dans ce mode particulier d'acquisition de la propriété, à la fois et le droit et l'utilité. Le plus honnête homme, l'homme le plus délicat peut, en toute sûreté de conscience, profiter de ce résultat de la possession. Cependant, comme il y a là une appréciation de faits particuliers à faire, relativement aux anciens propriétaires, au possesseur actuel ou à ses auteurs, aux causes de la possession et à toutes les autres circonstances qui ont constitué cette possession ou qui en ont été la suite, comme il pourrait résulter de

cette appréciation intime que le possesseur jugeât dans sa conscience qu'il y aurait injustice de sa part à se prévaloir de la prescription, ce possesseur est toujours libre d'y renoncer expressément ou tacitement, et s'il ne l'invoque pas, l'autorité judiciaire ne devra pas suppléer sur ce point à son silence.

II.

179. Les raisonnements qui précèdent, et qui ont été faits exclusivement pour la propriété privée, peuvent-ils s'appliquer en tout ou en partie à la propriété d'État à État ou domaine international? La prescription peut-elle être comptée, dans le droit des gens, au nombre des moyens d'acquérir ce domaine? C'est là ce que nous avons à examiner.

180. Et d'abord, qu'est-ce que la prescription du droit de domaine international? Déjà la différence qui existe entre le droit de souveraineté intérieure et le domaine international nous est bien connue [1]. Cette distinction ne doit pas être oubliée dans notre question de prescription.

181. Irons-nous confondre avec cette question une série de controverses qui ont été ou qui peuvent être agitées encore dans le système des gouvernements personnels : si après un certain nombre de règnes successifs une famille régnante doit être considérée comme ayant acquis par prescription, à son profit, le droit de souveraineté intérieure dans un État? Si la nation a perdu définitivement le droit de constituer elle-même son gouvernement? Si, par l'exercice du pouvoir souverain pendant un certain laps de temps, une famille usurpatrice peut devenir légitime [2]? Si, par exemple, en France, les Carlovingiens pouvaient avoir régné justement tant qu'il existait encore

[1] Voir ci-dessus, p. 112, n° 14 et suiv.

[2] GROTIUS, *Droit de la guerre et de la paix*, liv. II, ch. IV, § 11 et 14.

des Mérovingiens, ou si les Capétiens avaient légitimement pu s'établir avant l'extinction complète des Carlovingiens[1]? Toutes ces controverses sont étrangères à notre sujet. Il s'y agit, non pas de la propriété territoriale d'État à État, mais de la souveraineté, du gouvernement intérieur d'une nation. Quelles qu'aient été les idées de certaines époques et quelles que puissent être aujourd'hui encore celles de certains pays sur ce point, la science, qui part du principe que la souveraineté réside dans la nation même, qu'elle est inaliénable et que l'exercice seul peut en être délégué, n'admet pas que le laps de temps, pas plus que tout autre moyen, puisse en opérer l'aliénation ; elle ne reconnaît que dans la sanction nationale la cause de la légitimité des formes de gouvernement. Quant à la souveraineté : inaliénable, elle est par cela seul imprescriptible ; car c'est le cas d'appliquer ici, en toute connaissance de cause, cette épithète, malgré l'emploi abusif et souvent mal placé qui en a été fait.

182. Voici encore une autre hypothèse relative à l'acquisition de la souveraineté par la prescription, qui nous paraît devoir être séparée de la prescription du droit de domaine.

Supposons une nation conquérante qui, par la force des armes, détruise de fait une nation voisine et l'incorpore, contrairement à la volonté de cette nation, à ses États ; ou bien qui, sans en opérer l'incorporation, la soumette par contrainte à son joug, et la gouverne à titre de nation dominante et supérieure : le laps de temps légitimera-t-il cette situation? La nation subjuguée se trouvera-t-elle, par prescription et malgré elle, légitimement réunie ou asservie à la nation conquérante? Non, sans aucun doute. Il s'agissait, dans les hypothèses pré-

[1] Voyez Werlhof dans ses *Vindiciæ Grotiani dogmatis, de præscriptione inter gentes liberas, contra illustrem scriptorem gallicum* PETRUM PUTEANUM, écrits en réfutation de la dissertation intitulée : *Si la prescription a lieu entre les princes souverains*, par Pierre Du Puy.

cédentes, de la souveraineté intérieure : il s'agit ici de la souveraineté extérieure : les principes sont analogues. Un peuple n'est pas un assemblage forcé de pays ou de races réunis par le sort d'une guerre et les succès d'un conquérant; une nation n'est pas, indépendamment du concours des volontés et des confédérations ou alliances qui peuvent régler l'exercice des pouvoirs extérieurs, subordonnée d'une manière quelconque à une autre nation. Tant que ces différentes populations vivront de sentiments et d'intérêts séparés, tant qu'elles conserveront l'instinct de leur nationalité et de leur indépendance, tant qu'elles ne se seront pas confondues en un seul tout par les institutions et par les mœurs, ou qu'elles n'auront pas confirmé par un assentiment volontaire l'espèce de lien établi entre les deux États, il n'y aura pas d'incorporation ni de lien international légitime de produits. Le peuple incorporé ou assujetti malgré lui aura le droit incontestable, dès que les événements le lui permettront, et quelle que soit la longueur des temps écoulés, de reprendre sa nationalité, son indépendance et son rang d'égalité entre les autres peuples.

Dans les relations diplomatiques, les nations tierces, à moins de vouloir prendre fait et cause pour lui et d'entrer en hostilité, sont tenues par les devoirs de la neutralité, aussi longtemps du moins qu'elles sont résolues à conserver cette position, et par les nécessités internationales, d'accepter les faits auxquels la nation subjuguée reste soumise, et de négocier sans y porter atteinte; mais cela ne veut pas dire que le droit y soit, ou que la prescription puisse le créer. Intérieure ou extérieure, la souveraineté, d'après les principes de la science, réside dans la nation; elle ne peut ni s'aliéner ni se prescrire. Cette hypothèse, pas plus que la précédente, n'appartient à la question de la propriété d'État à État, quoiqu'elle commence davantage à s'en rapprocher.

183. Pour se faire une idée exacte de la prescription du droit de domaine international, il faut en dégager les questions de souveraineté intérieure ou extérieure, de gouvernement ou de nationalité; il faut considérer deux États, libres et indépendants l'un de l'autre, en contestation au sujet de la propriété d'un territoire.

Le problème peut être posé en ces termes : Lorsqu'un peuple aura possédé, comme s'il en avait le domaine international, un territoire appartenant véritablement à un autre peuple, aura-t-il, au bout d'un certain temps de cette possession, acquis ce territoire, et pourra-t-il justement repousser les réclamations du peuple qui voudrait en exiger la restitution, en prouvant son droit antérieur de propriété?

En un mot, la prescription peut-elle être un moyen d'acquisition de territoire entre les nations?

184. Lorsqu'on cherche, dans les livres de droit des gens, ce qui a été écrit sur cette question, on trouve tour à tour invoqués ou rejetés, pour l'affirmative ou pour la négative, les divers motifs que nous avons signalés déjà au sujet de la propriété privée, mais que nous avons qualifiés de motifs contestables, motifs accessoires et secondaires : la présomption d'abandon, l'incertitude et la perte probable des preuves, enfin les raisons utilitaires : toutes considérations impuissantes, selon nous, pour établir, en droit, la justice de l'acquisition par la possession, et, par conséquent, pour conduire à la solution véritable du problème. De là, sans doute, les controverses et les obscurités de la matière.

185. Nous pourrions nous borner, peut-être, pour simplifier la difficulté, à écarter purement et simplement ces motifs divers. Démontrés insuffisants, ou mal fondés, ou accidentels, quand il s'agit de propriété privée, nous pourrions en conclure qu'ils le sont également quand il s'agit de propriété internatio-

nale, et, par cette seule raison *à priori*, en débarrasser dès à présent la discussion.

Cependant, puisque ce sont ces motifs accessoires qui ont frappé les écrivains du droit des gens, qui ont fait la base des raisonnements et quelquefois même des négociations diplomatiques ; puisque, surtout, il est possible que ce qui est vrai dans les relations de particulier à particulier cesse de l'être ou subisse de notables modifications dans les relations d'État à État, nous devons examiner à fond ces motifs, en nous plaçant au point de vue spécial de la propriété internationale.

186. C'est à la présomption forcée d'un abandon volontaire de la part de l'État qui aurait longtemps négligé de réclamer une partie de son territoire occupée par un autre État, que les publicistes du dix-septième et du dix-huitième siècle se sont attachés principalement, pour justifier la prescription du domaine international [1].

187. Contre une telle présomption forcée, appliquée aux relations de peuple à peuple, il a été fait une première objection. Entre particuliers, a-t-on dit, on conçoit que la puissance de la loi intervienne et impose à tous, à tort ou à raison, certaines présomptions légales, auxquelles chacun sera tenu de se soumettre, et qui même, si le législateur le trouve convenable, ne pourront être combattues par aucune preuve contraire. Mais entre les nations, il n'y a pas de législateur supérieur qui ait cette puissance, et l'on ne voit pas comment ni par qui de telles présomptions pourraient être établies. A quoi nos publicistes, partis de l'hypothèse de ce qu'ils appellent l'homme à l'état de nature, et des sociétés humaines formées par conventions, répondent que la présomption forcée existe en vertu d'un

[1] GROTIUS, *Droit de la guerre et de la paix*, liv. II, ch. IV, § 3 à 8.— VATTEL, *Droit des gens*, liv. II, ch. XI, § 141.

consentement tacite des peuples, par suite de la nécessité d'éviter les inconvénients qui résulteraient d'une décision contraire [1].

Nous ne saurions approuver ni cette première objection ni la réponse qui y est faite. Les subtilités ne sont pas propres à éclairer les questions. Une présomption n'étant qu'une sorte de conséquence logique tirée par induction de ce qui arrive le plus souvent, cette opération du raisonnement peut se rencontrer dans le droit international aussi bien que dans le droit privé. Il est vrai que dans le droit privé elle peut être érigée en loi positive, tandis que dans le droit international elle reste à l'état de loi rationnelle; mais il en est de même de toutes les autres règles de ce dernier droit, et ce n'est pas un motif pour en dénier l'existence dans les cas où elle se rencontre véritablement. Il est vrai encore que la prohibition de la preuve contraire n'est qu'un effet du droit positif, et que, par conséquent, les États sont toujours admis, dans leurs relations internationales, à combattre, dans chaque cas spécial, par toutes les preuves possibles, les présomptions rationnelles qui leur sont opposées ; ce qui modifierait considérablement le caractère de la prescription en droit international, si on admettait qu'elle est fondée sur une présomption. Mais, au fond, ce qu'il faut rechercher, c'est de savoir si, en réalité, et d'après le raisonnement, cette présomption d'un abandon volontaire existe ou n'existe pas dans les relations des peuples entre eux, et si, en supposant qu'elle existe, c'est elle qui sert de base à la prescription.

188. Déjà nous avons démontré combien une pareille présomption, à l'égard des particuliers et en ce qui concerne la

[1] GROTIUS, *Droit de la guerre et de la paix*, liv. II, ch. IV, § 9.—PUFFENDORF, *Droit de la nature et des gens*, liv. IV, ch. XII, § 9.— VATTEL, *Droit des gens*, liv. II, ch. XI, § 150.

propriété privée, serait contraire à la réalité des faits. A l'égard des nations, et en ce qui concerne leur droit de domaine international, on conçoit plus facilement, il faut l'avouer, la possibilité d'un abandon volontaire; on conçoit qu'une nation, trouvant trop incommode, trop onéreux ou trop compromettant quelque établissement formé par elle sur certains territoires, dans certaines îles éloignées, ou n'en tirant pas les avantages qu'elle en avait espérés, abandonne sans esprit de retour cet établissement, et renonce au droit qu'elle y avait acquis par l'occupation : le fait peut se présenter. Mais de ce fait exceptionnel et seulement possible, conclure à une présomption générale, même à l'égard des peuples contre lesquels l'existence d'aucune semblable intention ne serait établie, ce serait aller loin, ce serait conclure du particulier au général : la saine logique ne saurait admettre une telle induction. Nous tenons donc pour certain que, même entre les peuples et à l'occasion de leurs territoires, cette prétendue présomption d'abandon volontaire n'existe pas raisonnablement.

189. Existât-elle, il est facile de voir encore, pour le droit international comme pour le droit privé, qu'elle ne saurait constituer en soi la raison fondamentale et déterminante de l'acquisition par prescription, puisque, de l'avis de tous, la prescription, si elle est admise en droit international, doit continuer de subsister dans les cas même où la présomption d'abandon serait détruite, dans les cas où il serait établi d'une manière incontestable que la négligence à réclamer le domaine international d'un territoire a eu une cause tout autre que la volonté d'abandonner ce domaine. Il reste donc toujours à chercher cette raison fondamentale et déterminante de la prescription, et il n'est pas permis de s'arrêter à une raison occasionnelle et accessoire, qui ne prouve rien, puisqu'elle peut défaillir sans que le résultat en soit changé.

190. Cette confusion entre la cause justificative de la prescription et l'abandon volontaire qu'un peuple peut faire de quelque territoire ou de quelque établissement à lui appartenant, a exercé une telle influence sur les esprits, qu'il est nécessaire de l'examiner et de la détruire à fond. Une affaire diplomatique, invoquée souvent en cette matière, nous en fournira l'occasion. De même que les îles et les terres continentales de l'Amérique, à l'époque où elles se sont trouvées ouvertes pour la première fois aux puissances européennes, ont offert des exemples pratiques et fréquents d'acquisitions territoriales par occupation : de même, au milieu des efforts, souvent incertains ou infructueux, faits par ces puissances pour s'établir sur un point ou sur un autre, elles ont offert des exemples d'abandonnement, de renonciation à des territoires précédemment occupés. La France et l'Angleterre ont trouvé dans des circonstances semblables une cause de discussion longtemps subsistante, au sujet de la propriété de l'île Sainte-Lucie, l'une des Antilles. Agitée à diverses reprises entre les deux puissances, cette cause fut renvoyée, par suite du traité d'Aix-la-Chapelle de 1748, à la décision de commissaires respectifs, et elle fut l'objet, en 1751 et en 1754, de divers mémoires entre ces commissaires [1]. Pour qui a lu attentivement ces mémoires, il est évident que tous ces débats peuvent se résumer en ceci : Les négociateurs français prétendent que les Anglais, après avoir essayé de former un établissement à Sainte-Lucie et après s'y être effectivement établis en 1639, ne purent s'y maintenir au delà de dix-huit mois environ ; que, harcelés constamment par les Caraïbes, et la plupart d'entre eux ayant été enfin massacrés dans l'année 1640, ils renoncè-

[1] *Mémoires des commissaires du Roi et de ceux de S. M. Britannique*, sur les possessions et les droits respectifs des deux couronnes en Amérique. Paris, imprimerie royale, 1755, 4 vol. in-4. Voir le premier volume.

rent à leur entreprise et abandonnèrent l'île, dans l'intention d'un abandon réel et sans esprit de retour; que, par suite de cet abandon, Sainte-Lucie se trouvait dans la situation d'un territoire vacant, dont la propriété peut être acquise par le premier occupant; que les choses étant demeurées dix ans en cet état, les Français, en 1650, prirent possession de l'île, y formèrent un établissement durable, et que cette prise de possession pacifique et effective d'une terre qui n'appartenait à personne, leur en conféra immédiatement la propriété. Les négociateurs britanniques prétendaient, de leur côté, qu'en abandonnant Sainte-Lucie en 1640, par suite du massacre commis par les Caraïbes, les Anglais n'avaient fait que céder à des violences et à une force majeure temporaires; qu'ils n'étaient point partis sans esprit de retour, mais au contraire en conservant leur intention et leur droit de propriété; que les Français avaient mis à profit ces violences, pour venir immédiatement, dès la même année, s'établir dans l'île, et que cette occupation subreptice, d'un territoire appartenant déjà à un autre État, ne pouvait leur en avoir donné le domaine. La question, comme on le voit, était une question d'abandon, et non de prescription; les Français ne prétendaient pas être devenus propriétaires par le laps de temps; ils prétendaient l'être devenus par le seul effet de l'occupation et à l'instant même de cette occupation, l'île se trouvant vacante selon eux. La discussion principale roulait, non pas sur les conditions de la prescription à fin d'acquérir, mais sur les conditions de l'abandonnement volontaire, capable de faire évanouir immédiatement le droit de propriété de celui qui délaisse un territoire, et de faire rentrer ce territoire dans la classe des terres vacantes et sans maître.

Qu'on remarque, en effet, que du moment que l'État possesseur arrive à la preuve d'un abandon véritable fait par l'autre État, le temps de la possession devient fort indifférent : la chose était vacante, la première occupation en donne la propriété. Remarquez encore qu'il serait également superflu, dans la même hypothèse, de rechercher si cette possession s'est continuée ou non sans interruption. Car si entre le moment où un État s'est mis en possession du territoire vacant par abandonnement, et le moment actuel où ce même État possède encore, un ou quelques autres peuples avaient occupé successivement et à divers intervalles ce même territoire, de telle sorte que la possession eût été interrompue, il pourrait y avoir lieu à un débat entre ces divers peuples sur la question de savoir si quelques-uns d'entre eux y auraient ou non acquis et conservé quelques droits; mais ce débat resterait indifférent à la nation primitivement propriétaire, à laquelle on prouverait la renonciation par elle faite de ses droits, et qui, depuis cette renonciation, serait devenue entièrement étrangère au territoire abandonné.

Ainsi, la question de l'abandon volontaire est d'une nature tout autre que celle de la prescription. La perte de la propriété, dans le cas d'abandon, s'opère en même temps que la perte de l'intention d'être propriétaire (*animus domini*) jointe au délaissement réel; que le territoire soit ensuite occupé ou non par un autre peuple, peu importe : s'il ne l'est pas, et tant qu'il ne l'est pas, il reste vacant et sans maître ; s'il l'est, la nation occupante en acquiert immédiatement la propriété, sans qu'il soit besoin de condition de temps ou de non-interruption de possession de sa part : les deux événements, la perte et l'acquisition, sont distincts et séparés ; le premier arrive avant le second, et indépendamment du second. Au contraire, dans le cas de prescription, la perte de la propriété ne s'opère que par l'effet de la prescription elle-même ; l'un ne perd sa propriété que parce que l'autre l'a acquise, et au moment seulement où cette nouvelle acquisition est opérée. L'abandon volontaire se range exclusivement dans les manières de perdre la propriété; la prescription, dans les manières de l'acquérir. Voilà pourquoi l'abandon volontaire ne rentre pas dans l'objet de notre dissertation; tandis que la prescription en fait essentiellement partie. Nous devons donc laisser de côté ce qui concerne l'abandon volontaire, les conditions qui le constituent, les diverses espèces de preuves qui peuvent en être données et les effets qui le suivent; il nous suffira d'avoir démontré qu'on ne peut établir la présomption générale d'un tel abandon dans le cas de prescription, parce que cet abandon ne constitue qu'un cas extraordinaire et exceptionnel; et que, pût-on même établir cette présomption, on ne saurait encore y voir la raison fondamentale et décisive de l'acquisition qui s'opère au moyen de la prescription.

191. Vattel, qui admet la présomption forcée d'un abandon volontaire comme une des raisons justificatives de la prescription, en présente encore une autre : c'est que, « si le demandeur était admis à prouver sa propriété, il pourrait arriver « qu'il administrerait des preuves très-évidentes en apparence, « mais qui ne seraient telles que par la perte de quelque do« cument, de quelque témoignage, qui eût fait voir comment il « avait perdu ou transporté son droit[1]. » C'est le second motif accessoire et accidentel, dont nous avons parlé au sujet de la propriété privée (n° 175). Mais si ce motif peut, ainsi que nous l'avons déjà dit, avoir un certain poids lorsqu'il s'agit des biens des particuliers, lesquels, par leur nature même, sont destinés à changer fréquemment de main, et dont les titres de propriété peuvent s'égarer facilement, il en est tout autrement lorsqu'il s'agit de territoire et de domaine international. En

[1] VATTEL, *Droit des gens*, liv. II, ch. XI, § 141.

effet, les aliénations territoriales entre les peuples ont une importance considérable ; elles se produisent à la suite de guerres ou de difficultés qui donnent lieu à des négociations ordinairement assez prolongées; elles sont constatées par des traités publics, et il est encore plus difficile qu'il ne l'était au sujet des titres de propriété privée, d'asseoir un système sur la présomption de la perte de toute trace et de tout souvenir de ces traités. D'ailleurs, dans le droit international comme dans le droit privé, la prescription, si elle est admise, doit produire ses effets même dans les cas où aucune perte de titre n'aurait eu lieu, où aucun doute quelconque ne pourrait être élevé à cet égard. Ce motif ne peut donc pas être le motif déterminant de la prescription entre les peuples, pas plus qu'entre les particuliers, et moins encore s'il est possible.

192. Les difficultés de justifier, à l'aide des motifs qui précèdent, d'une manière satisfaisante et pour tous les cas, l'acquisition du domaine international par la prescription, n'avaient pas échappé aux auteurs dont nous avons dû analyser le système. Aussi Grotius dit-il qu'au premier abord il ne semble pas qu'on doive appliquer l'usucapion entre les différents peuples [1]; Puffendorf avance que « dans les démêlés des « souverains, il est souvent assez superflu d'avoir recours au « droit de prescription : le possesseur pouvant ou devant du « moins appuyer son droit sur d'autres fondements plus so- « lides [2]. »

Vattel reconnaît qu'entre nations il est difficile de fonder une légitime présomption d'abandonnement sur un long silence, parce que ce silence n'est souvent que l'effet de la crainte qu'inspire à un État plus faible un souverain puissant. Cepen-

[1] GROTIUS, *Droit de la guerre et de la paix*, liv. II, ch. IV, § 1.

[2] PUFFENDORF, *Droit de la nature et des gens*, liv. IV, ch. XII, § 9.

dant il conclut en disant que, même dans ce cas, la perte de la propriété par la prescription est un malheur nécessaire, tel que celui qui résulte de l'obligation de se soumettre au sort des armes dans une guerre, malheur préférable au doute, à l'incertitude des droits des nations et aux contestations qui en seraient la suite[1]. C'est là se rejeter, en définitive, sur ce que nous vons appelé les raisons utilitaires; mais entre les nations, comme entre les particuliers, ces raisons, importantes à prendre en considération, se subordonnent à la question de droit et n'en donnent pas la solution.

193. Il faut donc en venir à la raison fondamentale et décisive. Si l'action privée des particuliers sur certaines portions de terre est nécessaire pour que l'existence et la destination de l'homme puissent s'accomplir : il en est de même de l'action publique de la nation, considérée et agissant sur l'ensemble du territoire

[1] VATTEL, *Droit des gens*, liv. II, ch. XI, § 148 et 149.— Parmi les auteurs plus récents, MOSER, dans son recueil intitulé : *Versuch des neuesten europaeischen Voelkerrechts*, n'embrasse aucune opinion sur la question; il se borne, selon son habitude, à rechercher et à présenter les faits, et abandonne la discussion aux publicistes et aux théoriciens. Voyez 5. Buch, I Cap., § 3. — MARTENS soutient que la prescription n'est point fondée en droit naturel, et qu'elle ne peut pas non plus être considérée comme introduite par l'usage entre les puissances souveraines de l'Europe. *Précis du droit des gens moderne*, liv. II, ch. IV. —PINHEIRO FERREIRA, dans sa note à ce sujet, distingue entre le *droit de prescription*, fondé, d'après la raison naturelle, sur le travail du possesseur, et la *loi de prescription*, qui détermine le temps requis pour prescrire.— KLUEBER ne pense pas que la prescription soit un titre suffisant pour fonder la propriété d'Etat. *Droit des gens moderne de l'Europe*, § 140.— HEFTER rejette également la prescription internationale. *Das Europaeische Voelkerrecht der Gegenwart*, § 11. — WEATHON avance que « l'usage constant et approuvé des nations montre que, quel que soit « le nom que l'on donne à ce droit, la possession non interrompue par un « Etat d'un territoire ou de tout autre bien pendant un certain laps de « temps exclut les droits de tout autre Etat à cet égard. » *Eléments de droit international*, t. I, deuxième partie, ch. IV, § 4.

comme être collectif, comme Etat constitué, dans la sphère des pouvoirs et des intérêts généraux de tous ses membres. Si la première de ces deux sortes d'action ou de travail produit le droit de propriété privée : la seconde produit le droit de propriété internationale ou propriété d'Etat à Etat. Si, en conséquence de ces prémisses, le droit de propriété privée a pour corrélatif nécessaire un devoir d'activité de la part du propriétaire sur sa chose, il en est de même du droit de propriété internationale par rapport à l'Etat qui en est investi, sur le territoire attribué à cet Etat. Si, entre particuliers, le possesseur qui vient occuper une partie de terre déjà appartenant à un autre, ne peut en enlever à celui-ci la propriété par ce seul fait d'occupation, parce que le fruit du travail antérieur, l'appropriation produite par ce travail, ne peuvent s'évanouir ainsi en un moment : il en est de même, entre nations, du peuple qui vient occuper un territoire attribué déjà à un autre peuple et y exercer son action publique et souveraine. Mais si, cette possession privée venant à se prolonger, le propriétaire primitif gardant le silence et restant dans l'inertie, désertant ainsi l'accomplissement de ses devoirs, il arrive un temps où le travail nouveau et continu du possesseur finit par balancer et par détruire la considération du travail antérieur, de telle sorte que le droit de propriété privée se reporte sur le possesseur, qui devient alors propriétaire : il en est de même entre les peuples, au sujet du domaine international, lorsque le cas semblable se produit. L'occupation et l'action publique d'une nation sur un territoire finissent, en se prolongeant suffisamment, par balancer et par détruire la considération de l'action publique qu'y avait exercée antérieurement un autre peuple auquel ce territoire appartenait, mais qui a gardé le silence et qui est resté dans l'inertie, désertant ainsi les devoirs qu'impose la propriété d'Etat à Etat ; de telle sorte que le droit se reporte sur le peuple possesseur qui a longtemps agi en souverain sur ce territoire, et qui en devient, en effet, propriétaire. La possession ici est une possession de peuple à peuple, avec les actes de protection, de commandement et de souveraineté qui la constituent; la propriété qu'elle produit est une propriété internationale, dans les rapports d'Etat à Etat; mais le raisonnement est le même et le principe fondamental ne change pas.

III.

194. Ce principe une fois arrêté, il reste à en déterminer les conditions particulières d'application. Ces conditions roulent, en résumé, sur le caractère et sur la durée de la possession nécessaire pour conduire à l'acquisition. Elles sont, comme il doit en être en tout système exact, implicitement comprises dans le principe général lui-même; il ne s'agit que de les en faire sortir.

195. On dit avec raison, en droit privé, que la seule possession qui puisse servir de base à la prescription, est la possession à titre de propriétaire; c'est-à-dire celle dans laquelle le possesseur agit avec la prétention de propriété, et comme si le droit lui appartenait. Alors seulement, en effet, il dénie par cette possession le droit d'autrui; il met le propriétaire véritable en demeure de réclamer; alors seulement, si ce dernier garde le silence et reste dans l'inertie, on peut dire que l'un a déserté le rôle de propriétaire, et que l'autre le remplit à sa place. Mais celui qui n'occupe la chose et qui n'agit sur elle qu'en qualité d'emprunteur, de locataire, de fermier, bien loin de dénier le droit du propriétaire, reconnaît ce droit et s'y rattache; il agit pour le compte et au nom du propriétaire, comme mandataire, comme représentant de celui-ci, et sui-

vant les accords intervenus avec lui : le principe justificatif de la prescription ne peut trouver ici d'application.

Par des motifs analogues, en droit international, la possession doit être celle qui annonce la prétention d'un peuple propriétaire et souverain du territoire. Il ne suffirait pas, par exemple, que quelques particuliers appartenant à la nation eussent fait en leur propre nom des actes de propriété privée sur ce territoire ; il faut que la possession ait lieu au nom de l'Etat, avec les actes de jouissance, de disposition et d'empire qui constituent l'exercice du domaine international.

Il arrivera rarement, entre les peuples, qu'un territoire soit prêté, loué, affermé par un Etat à un autre Etat : la chose, cependant, n'est pas impossible. On a vu jadis des gouvernements emprunter des sommes plus ou moins considérables d'un autre gouvernement, en hypothéquant quelques parties de leur territoire, et même en en livrant au prêteur la possession à titre de nantissement. Les Vénitiens, ces banquiers des peuples au moyen âge, ont souvent profité de pareils contrats; c'est ainsi qu'ils ont prêté, à diverses reprises, des sommes plus ou moins considérables, aux empereurs Charles IV, Frédéric III, Maximilien et Charles V, avec hypothèque sur la Marche trévisane, sur le Frioul, sur certaines parties de la Croatie, sur la ville et le territoire de Vicence. C'est ainsi que, plus récemment, dans le dix-septième siècle, après la défaite de Henri de Gonzague, duc de Mantoue, par les troupes de l'empereur Ferdinand II, et l'accommodement qui suivit cette défaite, ils prêtèrent à ce duc une somme de quatre millions hypothéquée sur la ville de Mantoue, avec garnison dans cette ville pour sûreté de leur créance; c'est ainsi encore que l'empereur Frédéric III, pressé et investi dans ses Etats, par suite de la guerre des Hongrois contre les Turcs, emprunta des secours en argent du dernier duc de Bourgogne, Charles le Téméraire, en lui livrant en nantissement hypothécaire l'Alsace et une partie de la Forêt-Noire. Plus fréquemment, et même de nos jours, il arrive qu'une puissance occupe certains points du territoire d'une autre puissance, à titre d'alliance, de défense commune, ou de protection, de secours contre un danger intérieur ou extérieur. De semblables sortes d'occupations, qui n'ont lieu qu'à titre de location, de nantissement, de défense commune, de protection ou de tolérance, quelque temps qu'elles se soient prolongées, ne peuvent servir de base à une acquisition du domaine international par prescription; elles ne commenceraient à pouvoir produire cet effet que du moment où la nation occupante viendrait à intervertir la nature de sa possession en déniant les droits de l'autre Etat, et en prétendant posséder désormais à titre de domaine et de souveraineté. Ainsi en agirent les Vénitiens dans l'affaire du Frioul, dont nous avons déjà parlé, lorsque, faute de remboursement des sommes par eux prêtées, ils prétendirent avoir le droit de s'attribuer, en acquit de la créance, la propriété des terres qui leur avaient été engagées, intervertissant ainsi le caractère de leur possession, et se comportant désormais sur ces terres en qualité d'Etat propriétaire et souverain. Aussi, dans les discussions qui s'élevèrent plus tard au sujet de ces pays, ne manquèrent-ils pas d'invoquer, entre autres titres d'acquisition, celui de la prescription qui se serait opérée par le temps écoulé depuis.

196. On dit encore, en droit privé, que la possession à titre de propriétaire, dont nous venons de parler, doit être publique, c'est-à-dire manifestée par des actes extérieurs, ostensibles à tous. En effet, dans des actes furtifs, clandestins, dont le véritable propriétaire a pu ne pas s'apercevoir, il n'y a pas ce fait fondamental de la prescription : le rôle de propriétaire pris par l'un et délaissé par l'autre.

On dit que la possession doit être continue : tel est toujours, en effet, l'esprit, le caractère du rôle de propriétaire ; des actes passagers, transitoires, intermittents, ne constituent pas ce rôle.

Ou bien si, ayant commencé avec esprit de continuité, la possession a été ensuite abandonnée et puis reprise, chaque interruption a détruit irrévocablement, quant au cours inachevé de la prescription, l'effet de la possession antérieure ; les fragments disjoints de ces possessions diverses ne peuvent être réunis pour former un tout ; mais chaque nouvelle prise de possession constitue un nouveau point de départ, et le temps ne sera compté qu'à partir de ce nouveau point. N'est-ce pas, en effet, la permanence, la persistance suffisamment prolongée dans l'accomplissement du rôle de propriétaire, qui finissent par effacer la considération du travail primitif d'appropriation, et par transporter le droit sur la personne du possesseur ?

Ces trois conditions de publicité, de continuité et de non-interruption, nécessaires dans le droit privé pour la prescription acquisitive, le sont également dans le droit international. A la vérité, on ne peut guère supposer, de peuple à peuple une possession territoriale clandestine ; mais les cas où cette possession aurait été discontinue (telle serait, par exemple, celle qui n'aurait consisté qu'en des descentes réitérées dans une île, pour y faire des chasses, y couper du bois, y prendre quelques produits et se retirer ensuite), ou bien les cas où elle aurait été interrompue peuvent se produire, et ils devraient être régis par les principes que nous venons d'exposer.

197. Des difficultés plus sérieuses, plus délicates, se présentent au sujet des circonstances plus ou moins irrégulières, plus ou moins illégitimes, qui ont pu donner naissance à la possession, ou des moyens à l'aide desquels cette possession a pu se maintenir.

Il va sans dire que la violence, quelque longtemps qu'elle dure, ne peut, par cette durée, devenir légitime et se transforformer en droit; plus, au contraire, elle se prolonge, plus la culpabilité s'en aggrave, plus le droit est blessé. Spécialement, en fait de prescription, on ne peut pas dire que celui-là déserte le rôle de propriétaire, qui s'en trouve expulsé et tenu à l'écart par la force. La possession qui ne se maintient que par des moyens de violence ne saurait donc compter utilement : c'est ce qu'on exprime, en droit privé, en disant que la possession, pour être utile à fin de prescrire, doit être paisible. Il est vrai qu'entre particuliers, et dans un État policé, où la personne expulsée peut s'adresser aux juridictions, et invoquer le secours de la puissance publique, il ne peut guère y avoir de possession d'immeuble conservée par violence; mais entre les peuples, le cas peut se présenter. La même force prépondérante, les mêmes moyens de contrainte à l'aide desquels un Etat se sera emparé d'un territoire, pourront lui servir à s'y maintenir et à étouffer les réclamations de l'Etat dépouillé. Une pareille possession, violente non-seulement dans son origine, mais violente aussi dans sa durée, ne saurait conduire à l'acquisition du domaine international : tant que la violence existe, la prescription ne peut commencer à courir.

198. Le droit civil des Romains était allé plus loin. D'après un plébiscite de l'an 665 de Rome, la loi Plautia, l'immeuble dont la possession avait été prise par violence était frappé d'un vice radical et toujours subsistant, même après que la violence avait cessé; dans quelques mains que cet immeuble passât par la suite, quelle que fût la bonne foi des possesseurs ultérieurs, et quelque longtemps qui se fût écoulé depuis, l'immeuble était à jamais hors d'état d'être acquis par usucapion; et le vice dont il était atteint à cet égard ne pouvait être purgé que par la rentrée de cet immeuble aux mains

du propriétaire [1]. C'était là une réprobation de la violence, étendue à perpétuité, survivant aux événements et aux personnes. Les raisons qui constituent le droit d'acquisition par un long usage ne sauraient admettre une telle exagération, que la jurisprudence moderne a d'ailleurs abandonnée. Dès qu'il y a eu cessation de la violence, possession paisible et liberté pour le propriétaire expulsé de réclamer, on est rentré dans les conditions normales de la prescription.

La sévérité dont les Romains avaient usé ne s'arrêtait point là; même lorsque le vice de la possession tenait à une cause moins grave que le vol ou la violence, leur droit civil n'admettait l'usucapion qu'au profit des possesseurs de bonne foi, c'est-à-dire de ceux qui, au moment où ils avaient pris cette possession, en ignoraient le vice, et qui avaient cru véritablement et consciencieusement devenir propriétaires [2]. Qu'on reprenne néanmoins l'analyse des situations et le raisonnement par lequel on démontre comment la possession, en présence du silence et de l'inertie du propriétaire, conduit après un certain temps à la propriété, on verra que, même quand elle a été prise et exercée sciemment sur la chose d'autrui, elle doit finir par produire cet effet. Sans doute l'activité, le travail d'un tel possesseur, méritent moins de considération; sans doute les réclamations du propriétaire sont plus favorables, la compensation du travail primitif par le travail nouveau sera plus longue à s'opérer ; mais tout cela se réduit à l'exigence d'un plus long temps ; et, au fond, malgré l'influence des souvenirs du droit romain et le préjugé qui nous en reste, la jurisprudence moderne n'arrive pas à un autre résultat. La prescription plus

[1] *Institutes* de l'empereur Justinien, livre II, tit. VI, *De usucapionibus* § 2 et 3.

[2] *Ibid.*, princip., et § 7 et 10.

longue qu'elle reconnaît au profit du possesseur de mauvaise foi est une véritable prescription acquisitive.

199. Les solutions qui précèdent, justes en droit privé, le sont également en droit international. Les circonstances qui constituent la possession de bonne foi entre particuliers, par exemple le fait d'avoir reçu un immeuble à titre d'achat, d'échange, de payement, de donation ou de toute autre cause semblable, de quelqu'un que l'on en croyait propriétaire mais qui ne l'était pas, sans être impossibles, ne sont guère de nature à se produire entre les peuples au sujet de leur territoire. Le plus souvent ce seront des empiétemens, des usurpations de fait, des invasions violentes qui seront l'origine de l'occupation territoriale ; et le plus souvent encore, ce sera le peuple envahissant qui sera resté en possession. Même dans ce dernier cas, et sauf à prolonger alors le temps voulu pour prescrire, nous sommes obligés de reconnaître logiquement, que dès que la violence aura cessé et que l'Etat dépossédé aura eu la liberté de réclamer, s'il ne l'a pas fait et qu'il soit resté à cet égard dans l'inertie, une prescription aura commencé à courir au profit de l'Etat en possession du territoire, au moyen de laquelle cette possession finira par se changer en domaine international.

Nous avons déjà dit (nº 166) comment l'occupation militaire d'un territoire par suite d'une guerre régulière, insuffisante pour donner la propriété de ce territoire, en donne cependant une possession que les usages internationaux assimilent à une possession de bonne foi. La bonne foi ne consiste pas ici, de la part de l'État occupant, à se croire propriétaire du territoire occupé; elle consiste à se croire un motif légitime d'en faire l'occupation, comme moyen de contraindre son ennemi à de justes satisfactions et au traité de paix qui finira la guerre. Si ce traité de paix ni aucun acte de cession ne sont intervenus, l'occupation, en se prolongeant sans réclamation de la part de l'État dépossédé, conduira à l'acquisition du domaine par prescription, ainsi que le ferait une véritable possession de bonne foi. Il ne nous serait pas impossible de montrer une situation et des effets analogues entre particuliers, si nous voulions continuer, jusque dans ces détails, à comparer le droit privé au droit international et les petites choses aux grandes [1].

200. Dans toutes les hypothèses, la prescription acquisitive est fondée sur une sorte de compensation du travail primitif, origine du droit de propriété, par le travail nouveau du possesseur durant l'inertie du propriétaire : après quelle durée ce nouveau travail se trouve-t-il suffisant pour que la compensation se soit opérée? A cette question il n'y a pas de réponse absolue. Il s'agit de termes variables : le travail primitif et l'inertie du propriétaire, le travail nouveau et l'esprit qui y a présidé de la part du possesseur, les circonstances dans lesquelles l'un et l'autre se sont produits; tout cela est susceptible de modifications diverses; la compensation n'est pas une compensation numérique entre des quantités formulées en chiffres, c'est une compensation morale entre des éléments à apprécier intellectuellement. Il est évident que si l'on s'en tient au droit rationnel, l'appréciation doit être faite d'une manière spéciale pour chaque cas.

Le droit positif, à l'égard des particuliers, opère ici comme dans mille autres circonstances semblables; afin de donner

[1] Ainsi, chez les Romains, lorsqu'un édifice menaçait ruine, le préteur, sur le refus du propriétaire de donner les garanties dues à cet égard, envoyait en possession de cet édifice le voisin à qui ces garanties étaient refusées, et finalement ordonnait que l'immeuble serait possédé par lui; cette possession, employée comme moyen de contrainte, était traitée comme une véritable possession de bonne foi, et pouvait conduire comme telle à l'usucapion. (Digeste, liv. XXXIX, tit. II, *De damno infecto*, notamment loi 18, § 15, fragment de Paul.)

une règle fixe et commune, il distingue seulement quelques grandes catégories : les cas de meuble ou d'immeuble, de présence ou d'absence, de bonne foi ou de mauvaise foi ; et prenant, dans chaque catégorie, comme une moyenne, il établit des chiffres déterminés.

Mais il ne peut pas en être de même en droit international : les peuples, à défaut d'un législateur commun, restent sous l'empire de la règle purement rationnelle ; ce n'est que par la voie des négociations diplomatiques, en appréciant et en faisant valoir les circonstances spéciales dans chaque affaire, qu'on pourra démontrer que la durée de la possession a été assez longue pour opérer l'acquisition internationale, et convaincre l'État, propriétaire antérieur, de la perte de ses droits. Cette durée n'a donc rien de précis et peut varier d'un cas à l'autre [1]. On ne peut se dissimuler que ce défaut de fixité enlève à la prescription acquisitive entre les nations un des grands avantages qu'elle a, grâce au droit positif, entre les particuliers : l'avantage de mettre un terme préfix aux contestations.

Il est aussi une considération importante à ce sujet. La vie des nations est d'une bien autre durée que la vie des particuliers, et il faut à un peuple, pour se déterminer et pour se mouvoir dans ses relations, dans ses négociations et dans ses réclamations internationales, bien plus de temps qu'aux individus pour se déterminer et se mouvoir dans leurs relations privées. D'un autre côté, l'étendue et la suite des travaux sont bien autres dans l'établissement et dans l'action d'un peuple sur un territoire que dans l'établissement et dans l'action d'un individu sur une portion de terre. La durée de la possession

[1] PUFFENDORF, *Droit de la nature et des gens*, liv. IV, ch. XII, § 9. — VATTEL, *Droit des gens*, liv. II, ch. XI, § 151. — PINHEIRO FERREIRA, note 31, sur le *Précis du droit des gens moderne* de MARTENS.

nécessaire pour faire acquérir par prescription la propriété d'Etat à Etat ne saurait donc se mesurer sur celle qui est exigée pour l'acquisition de la propriété privée. Les termes usuels de dix, de vingt ou de trente ans, proportionnés à la vie et à l'action des particuliers, ne le sont plus à celles des nations; sans pouvoir déterminer de chiffres précis, et tout en laissant aux circonstances de chaque affaire l'influence qu'elles doivent avoir, on conçoit que ce sont de longues révolutions d'années qui sont nécessaires pour transporter le droit de domaine et de souveraineté territoriale sur un pays, d'un peuple à un autre.

201. Puisque l'inertie du propriétaire, le défaut d'exercice, de sa part, des droits et des fonctions de la propriété entrent comme un élément essentiel dans les causes justificatives de la prescription, le moyen pour lui d'arrêter le cours de la prescription commencée, c'est de sortir de cette inertie, c'est de reprendre ou du moins de réclamer l'exercice de son rôle de propriétaire avant que ce cours soit achevé et que l'acquisition par le possesseur se soit accomplie. Il ne doit pas, en droit privé, se faire justice à lui-même par des voies de fait; il doit recourir à l'autorité judiciaire. Ce recours, cette citation en justice avant l'expiration du délai interrompt la prescription : désormais le temps de la possession antérieure à cette citation reste effacé et ne pourra plus être compté. Mais il ne suffirait pas, pour produire cet effet, de réclamations, de protestations ni même de sommations extrajudiciaires; il faut la demande en justice, parce que du jour de cette demande, mais de ce jour seulement, il doit en être pour le propriétaire comme s'il avait été remis, de fait, en possession : les délais pour vérifier l'existence de son droit ne tenant qu'aux imperfections et aux lenteurs de la justice humaine.

La même règle ne peut pas être appliquée en droit international, puisqu'il n'y a pas de juridiction; les nations en sont réduites à réclamer leurs droits l'une de l'autre, par voie de négociation diplomatique, et, au besoin, à se faire justice par leurs propres forces. Il n'est pas nécessaire, pour que la prescription se trouve interrompue, que ce dernier moyen ait été employé, et que l'Etat qui réclame des droits de domaine international sur un territoire, ait commencé la guerre pour reprendre la possession de ce territoire. Une guerre ne s'entreprend que pour des motifs graves et avec des chances de succès; un peuple, faible, ou placé momentanément dans quelques difficultés de situation, peut se voir forcé d'attendre d'autres secours ou d'autres temps pour agir par les armes, et jusque-là s'en tenir à la voie des demandes diplomatiques Une telle demande interrompt la prescription parce que, dès qu'elle a été faite, le devoir de l'Etat possesseur était d'y satisfaire si cette demande était juste, et de remettre immédiatement la possession à l'Etat propriétaire.

On a vu souvent, dans le moyen âge, les prétentions réciproques se traduire par des indices de pure forme : soit par les titres de souveraineté que les princes accumulaient à la suite de leurs noms, le même titre étant porté par plusieurs; soit par les armoiries , comme lorsque le Polonais mettait en son écu celles de Bohême et de Hongrie écartelées, en signe de ses prétentions sur ces royaumes; ou lorsque les ducs de Lorraine et, par suite, ceux de Toscane invoquaient la grande croix d'or en champ d'azur, qui se voyait aux armoiries des Lorrains pour marque de leur intérêt sur les royaumes de Jérusalem, sur les Siciles et sur la Provence. L'usage était répandu aussi de certaines protestations ou de certaines significations publiques et solennelles, comme lorsque le comte Baudouin de Flandres protestait devant les princes chrétiens, lors de leur entreprise contre les infidèles, de ses droits au trône de Constantinople; ou lorsque le Moscovite signifiait chaque année aux Tartares ses prétentions sur la Russie Blanche et sur certaines provinces aux environs de la mer Caspienne; ou lorsque l'ambassadeur de France protestait par-devant le pape contre l'hommage de la haquenée blanche que le roi d'Espagne faisait à l'Eglise, le 28 juin de chaque année, pour les deux Siciles. Les titres, les armoiries n'offrent pas de moyens sérieux et suffisants pour interrompre la prescription. Quant aux protestations et aux significations, tout en tenant compte des situations difficiles et des impossibilités d'agir d'une manière efficace dans lesquelles une puissance peut se trouver, on peut dire en général qu'elles ne produiront un effet interruptif qu'autant qu'elles auront le caractère d'une véritable réclamation diplomatique adressée à la puissance adverse, et mettant cette puissance en demeure de restituer le territoire par elle indûment occupé. Les notifications aux autres Etats ne sont que des moyens de publicité plus grande, comme pour prendre ces Etats à témoin de la violation de son droit et de la réclamation qu'on en fait.

Les tentatives pour reprendre, de fait, la possession du territoire en litige seraient, à plus forte raison, une cause interruptrice de la prescription, même quand elles n'auraient pas été suivies de succès; mais il faut que ces tentatives aient eu lieu au nom de l'Etat, comme entreprise publique et par lui avouée, et non par de simples particuliers agissant sans mission et avec un caractère privé. La reconnaissance que l'Etat possesseur ferait des droits de la puissance adverse, ou même le simple engagement de soumettre le différend à un examen, à un débat diplomatique, interrompraient également le cours de la prescription inachevée. Aussi les négociateurs, dans les traités relatifs à d'autres affaires, ou dans des traités généraux, doivent-ils éviter avec soin que de pareilles reconnaissances ou de pareils engagements ne semblent résulter de ces traités, et ne puissent s'en induire d'une manière indirecte, quoique n'étant pas entrés réellement dans leur intention. On peut voir, dans les mémoires échangés entre les commissaires anglais et les commissaires français, au sujet de l'affaire de Sainte-Lucie, dont nous avons déjà parlé (n° 190), comment sont discutées les diverses entreprises que les Anglais prétendent avoir faites pour reprendre cette île, mais dans lesquelles les commissaires français ne voient que des tentatives privées dénuées de caractère public ; et comment les uns et les autres invoquent, en sens contraires, à l'appui de leurs prétentions, les traités de Bréda, de 1667, de Ryswick, de 1697, et celui d'Utrecht.

IV.

202. Si, des principes exposés, on passe aux occasions pratiques d'en faire l'application, il faut convenir que ces occasions se présenteront rarement. On a pu voir le moyen de la prescription acquisitive invoqué plus fréquemment entre les princes, à l'époque où les territoires morcelés formaient pour eux comme un bien patrimonial, comme une sorte de propriété sur laquelle les jurisconsultes donnaient leurs avis et leurs consultations conformément aux règles du droit civil, et dont les débats étaient même remis quelquefois à la décision arbitrale des parlements judiciaires [1]. Mais entre nations, aujourd'hui surtout, plus d'une raison s'oppose à ce qu'il en soit ainsi. Les idées plus exactes sur la souveraineté, l'importance plus grande des territoires, la publicité des actes qui consti-

[1] Comme, par exemple, les contestations entre la maison d'Autriche et le roi de Pologne, au sujet de la Bohême et d'une partie de la Moravie, par suite de la succession de l'empereur Sigismond, remises à la décision du Parlement de Paris.

tuent ces territoires et la sollicitude que chaque Etat met à défendre le sien, le défaut d'occasion des erreurs de propriété qui se présentent entre particuliers, la facilité des interruptions par voies de fait ou par réclamations diplomatiques, la compression possible d'un peuple par une force prépondérante qui se maintient et qui vicie la possession, enfin le manque même de fixité quant à la durée du temps nécessaire pour l'acquisition, tout cela éloigne des relations internationales l'application pratique de la prescription. Quelques parties de terre dans des régions éloignées, ou bien certaines échancrures, certaines îles des fleuves limitrophes, dans les contestations relatives à la fixation des limites, sont les objets qui paraissent le plus susceptibles de cette application. Généralement, dans les exemples que peut nous offrir la diplomatie, les Etats s'attachent à asseoir sur d'autres fondements la démonstration de leur droit de domaine, et ce n'est que comme considération subsidiaire, confirmative de cette première démonstration, qu'ils invoquent la possession internationale, continuée depuis un temps plus ou moins long.

203. Enfin une dernière observation, qui ne doit pas être perdue de vue, c'est que lorsque nous parlons d'une acquisition territoriale entre deux Etats par voie de prescription, nous supposons cette acquisition dégagée de toute question de nationalité et de gouvernement pour les habitants. Si les choses se présentaient autrement, il faudrait y appliquer des principes analogues à ceux que nous avons déjà exposés (n° 111 et suiv.) au sujet des cessions de territoire; car la nationalité, le gouvernement, ne sont pas choses susceptibles de prescription; la science ne les fonde que sur le consentement exprès ou tacite des populations. Voilà encore un des motifs qui concourent à reléguer dans des cas de minime importance, ce genre particulier d'acquisition entre les Etats.

TITRE III.

DE L'ÉQUILIBRE POLITIQUE

DANS SES RAPPORTS

AVEC LE DROIT D'ACQUISITION TERRITORIALE.

Notion de l'équilibre politique, et des limites qui pourraient en résulter pour le droit d'acquisition territoriale. — Origine et développement historique du système de l'équilibre entre les Etats européens. — Principaux traités constitutifs des arrangements territoriaux en Europe et du système de l'équilibre en droit positif international. — Appréciation, en droit rationnel, de la théorie de l'équilibre.

I.

204. Les chapitres qui précèdent donnent un aperçu des moyens légitimes par lesquels peuvent s'opérer, entre les nations, les acquisitions de territoire : il nous reste à dire quelques mots d'une théorie que l'intérêt des puissances diverses a fait surgir, que la pratique internationale a érigée en principe de droit des gens positif, sur laquelle la science rationnelle n'est pas encore arrêtée, et qui viendrait poser, au nom de l'intérêt général, comme une sorte de limite au droit d'acquisition. Nous voulons parler de la théorie de l'équilibre politique entre les États.

205. Une puissance n'étend pas son territoire, ne s'élève pas en force et ne multiplie pas ses ressources, sans porter ombrage aux puissances voisines. Si son accroissement prend des proportions alarmantes, si elle paraît puiser dans chaque extension des prétentions plus grandes et des éléments pour une extension nouvelle, l'instinct de l'intérêt suffit pour porter les

autres nations à se réunir, afin d'opposer une digue à la domination qui les menace.

Ce fait si simple, qui s'est produit dans tous les temps et dans tous les lieux, qu'on peut observer dans l'histoire des peuples anciens comme dans celle des peuples modernes, sur de grands comme sur de petits théâtres, est le premier germe de la théorie dont nous avons à parler, la première forme sous laquelle il soit possible d'entrevoir cette théorie, avant même qu'elle en ait été dégagée, et systématiquement formulée. Au fond, ce qu'on y trouve, c'est l'idée d'une association de plusieurs États contre l'accroissement d'un autre État devenu dangereux; mais une association passagère, de lutte ou de défense effective en un péril actuel, et tant que dure ce péril.

206. Si l'on suppose que cette idée d'association prenne plus d'étendue, plus de consistance et plus de durée : plus d'étendue, en ce qu'au lieu d'être une ligue de certains États contre un autre, elle réunisse tous ces divers États dans une entente commune ; plus de consistance et plus de durée, en ce qu'au lieu d'être passagère, elle reçoive un caractère et un esprit permanents ; qu'au lieu de n'avoir en vue qu'un péril actuel, elle porte ses prévisions sur l'avenir, et qu'elle tende, non pas seulement à défendre les États ainsi réunis en un système commun contre l'ambition d'un seul, mais à établir et à garantir entre eux tous une telle distribution, un tel balancement de forces et de possession, qu'ils se trouvent maintenus en repos : on aura une seconde forme de la même idée, beaucoup plus avancée que la première, dans laquelle on aperçoit déjà clairement la théorie de l'équilibre.

207. L'équilibre ne se produit pas seulement, en statique, par l'application de deux forces égales, agissant en sens contraires; l'équilibre se produit aussi dans des groupes de forces inégales, agissant en des directions différentes, combinées de

telle manière que chacune d'elles balance la résultante des autres, et que le repos soit produit : qui dit équilibre, dit repos. C'est ainsi que le navire qui met en panne dispose ses voiles, et sous les impulsions diverses qui le poussent, reste immobile.

208. L'équilibre entre les États ne consiste donc pas, suivant les expressions de Sully, dans une de ses lettres à Henri IV, à rendre tous les potentats compris dans le système : « à peu « près d'une mesme égalité de puissance, royaume, richesses, « estendue et domination » [1]; il consiste plutôt, suivant un mémoire du comte d'Hauterive, fait par ordre du premier Consul, « à balancer les devoirs et les droits respectifs d'un grand « nombre d'États inégaux en force et en relation plus ou « moins immédiate les uns à l'égard des autres [2]. » C'est, en effet, dans l'efficacité de la garantie commune, dans cet arrangement qui fait que chaque force du système sera équilibrée, au besoin, par la résultante de toutes les autres; en un mot, c'est dans le droit sur lequel repose le système, que se trouve le balancement des inégalités de fait.

209. L'idée de l'équilibre politique entre les États ne se présente pas, dans la pratique, sous une formule aussi scientifique et avec une base de droit bien épurée. L'intérêt y joue le plus grand rôle. C'est à mesure qu'il s'établit entre certains peuples plus de rapports permanents, à mesure qu'il s'est formé, parmi eux, plusieurs puissances rivales qui pourraient lutter efficacement l'une contre l'autre, et dont aucune n'est disposée à souf-

[1] *Œconomies royales* ou *Mémoires de* SULLY, collection Petitot, t. VII, p. 94.

[2] *De l'Etat de la France, à la fin de l'an VIII*. Paris, brumaire an IX (octobre 1800), in-8° (anonyme; rédigé par le comte D'HAUTERIVE, chef de la première division politique au ministère des relations extérieures, sur l'ordre du premier Consul), p. 36.

frir de suprématie ; c'est, surtout, à la suite de longues guerres générales, soutenues pour s'opposer à la domination d'une puissance ambitieuse, ou dans des troubles auxquels chacun a pris part, comme ceux de religion, que le besoin d'un repos commun, pour le présent et pour le futur, se fait sentir, et que des systèmes d'arrangements, de satisfaction et d'équilibre, sous une garantie commune, se réalisent dans les traités.

210. Cet effet de balancement, d'équilibre politique, produisant le repos entre diverses puissances, peut se concevoir par pays, par régions différentes : partout où un groupe de forces voisines et en contact les unes avec les autres se rencontre ; et le tout peut se supposer relié en un grand système, de telle sorte que chaque équilibre partiel devienne un élément de l'équilibre général. L'équilibre entre les États de l'Italie, entre les États d'Allemagne, l'équilibre du Nord, l'équilibre de l'Europe, l'équilibre en Amérique, l'équilibre du Monde : on voit par quelle gradation d'idée l'esprit peut s'élever, et élargir de plus en plus le théâtre. En fait, c'est par les petits groupes que commence l'application ; elle s'étend ensuite à de plus grands espaces ; vient un point où la réalité fait défaut, et où l'idée reste dans la spéculation.

211. Cette idée d'équilibre politique, prise en toute sa généralité, embrasse, sans doute, les diverses forces, de nature différente, qui constituent la puissance des États : force militaire, force industrielle, force commerciale, finances, population, territoire. C'est de ce dernier point, cependant, qu'on s'est d'abord et presque uniquement préoccupé, et cela par plusieurs raisons : dans le territoire sont compris la plupart des autres éléments de puissance ; le territoire est un élément physique, matériel, susceptible de mesure et de limitation, tandis que les autres tiennent surtout à des qualités et à des causes morales ; enfin l'agrandissement de territoire est toujours un fait

extérieur, l'agrandissement ou la diminution des autres forces sont principalement des faits intérieurs. C'est le territoire, par toutes ces raisons, qui entre communément en majeure considération dans les théories ou dans les questions pratiques de l'équilibre ; et c'est par là que ces théories se rattachent à notre sujet.

212. Enfin, l'idée d'équilibre est susceptible de s'appliquer, non-seulement à l'action des diverses puissances sur terre, mais encore à celle qu'elles peuvent exercer sur la mer, cet élément de communication générale dont nul ne peut s'attribuer le domaine, et où tous doivent pouvoir librement déployer leur activité. De là, l'équilibre continental et l'équilibre maritime. On conçoit que, par une raison toute physique, l'activité et la puissance des peuples ne se portant qu'à la suite des progrès de la science et des arts, sur un élément qui n'est pas celui de l'homme, l'idée d'équilibre maritime doit être une idée plus tardive, dans la théorie et dans la pratique internationale.

II.

213. Il n'est pas sans intérêt de suivre, dans l'histoire, les premiers germes, le développement, l'application variée de ces maximes d'équilibre politique aujourd'hui si généralement répandues, et de vérifier par les faits quelques-unes des déductions logiques que nous venons d'exposer.

214. Les faits de nature à faire surgir de pareilles maximes ne peuvent se produire que si l'on suppose des États véritablement constitués, ayant chacun leurs forces propres, en contact ou en relation suivie les uns avec les autres, et formant un tel groupe, un tel système, que le sentiment d'un intérêt général de tout le système, prédominant l'intérêt de chaque État en particulier, puisse y prendre naissance et s'y élever. Le

morcellement féodal, qui avait brisé les vastes agrégations homogènes, et fait de chaque partie différente de l'Europe un centre particulier de petits intérêts de seigneur à seigneur, ne se prêtait pas à de tels résultats.

215. Cependant l'instinct de cette sorte d'intérêt n'était pas étranger à la politique des États de l'Italie entre eux, au quatorzième et au quinzième siècle. Deux puissances dominantes, Rome et Venise, se disputaient le pouvoir et aspiraient secrètement à devenir la seule puissance dans cette contrée ; Naples, Milan, Florence, ainsi que les petites villes qu'elles englobaient dans leur cercle d'action, étaient successivement leur ennemi ou leur allié, selon la crainte ou le danger du moment, et cherchaient à opérer ainsi un certain balancement dans le groupe auquel elles appartenaient.

216. La sphère s'agrandit à l'époque des expéditions des rois de France en Italie, après que Charles VIII fut entré dans la péninsule (1494) pour faire valoir les prétentions de la maison d'Anjou sur le royaume de Naples, alors sous la domination de la maison d'Aragon. Les rapports extérieurs des États européens prirent, en ces temps, une étendue nouvelle et les caractères d'un système plus arrêté.

La tendance à de fortes unités territoriales commençait déjà à se manifester ; non pas, il est vrai, comme procédant de l'esprit des nationalités, mais comme résultant de réunions opérées par les maisons les plus puissantes, et sous la forme d'intérêts de famille. L'unité intérieure de la France avait été constituée sous Louis XI (1461 et suiv.). La réunion de la Castille et de l'Aragon par le mariage de Ferdinand et d'Isabelle et les conquêtes de ces deux princes sur les Maures (de 1469 à 1492) avaient formé en Espagne une puissance qui s'étendait jusqu'à Naples. L'empereur Maximilien Ier réunissait dans sa personne toutes les possessions de sa maison, et venait d'y joindre l'héritage du duc de Bourgogne par son mariage avec Marie, fille de Charles le Téméraire (1477). On touchait à l'époque où la puissance de Charles-Quint allait s'élever (1519 et suiv.) et présenter à l'Europe les dangers d'une aspiration à la monarchie universelle. Dès ce moment commençaient à se réaliser les conditions qui pouvaient donner lieu à des faits de contre-poids et à des jeux d'équilibre entre les puissances, sans que la théorie en fût encore raisonnée, ni que le nom en fût même prononcé.

III.

217. La politique d'équilibre se présente sous sa première et sa plus simple forme, celle de la résistance à une puissance qui s'accroît d'une manière alarmante, et qui menace les autres de sa domination, durant trois phases bien remarquables de l'histoire européenne :

Contre la maison d'Autriche, parvenue héréditairement au trône d'Espagne et à l'empire d'Allemagne : depuis Charles-Quint jusqu'à Philippe IV, pour la branche espagnole, et depuis Charles-Quint jusqu'à Ferdinand III, pour la branche allemande ;

Contre la maison de Bourbon, sous Louis XIV ;

Contre Napoléon, au temps de la République et de l'Empire.

218. C'est la politique de résistance aux accroissements démesurés et aux aspirations dominatrices de la maison d'Autriche espagnole, qui motive les guerres de François Ier contre Charles-Quint et celles qui ont suivi ; c'est la politique de résistance aux accroissements de la maison d'Autriche allemande et aux prétentions dominatrices des empereurs de cette maison sur les princes d'Allemagne, qui amène la guerre de trente ans (de 1618 à 1648) ; les événements se compliquent des troubles et des intérêts de religion ; la France est à la tête de la résistance ;

François Ier, Henri IV, Richelieu, dont l'héritage est recueilli par Mazarin, créent et mènent sa grande politique ; l'union de la maison de France avec les protestants d'Allemagne sauve l'Europe de la domination dont elle était menacée. Cette phase se termine par la paix de Westphalie de 1648.

Une nouvelle puissance, formée aux dépens des possessions espagnoles, et destinée à prendre rang parmi les États les plus influents de l'Europe, la république de Hollande, a surgi durant cette période : la France a favorisé cette formation.

219. Dans tous ces événements, l'antagonisme de la maison de Bourbon et de la maison d'Autriche en Espagne et en Allemagne est bien posé. Philippe II (mort en 1598), dans ses mémoires secrets, pour l'instruction de son fils, recommande comme maxime d'État, de ne pas laisser affermir la puissance du roi de France, alors Henri IV ; mais d'entretenir, à quelque prix que ce soit, des intelligences et de susciter des troubles dans ce royaume : tandis qu'Henri IV passe pour avoir « le premier estably pour le vray intérest de la France, de contrepointer celuy d'Espagne en tous ses points. » Les Mémoires de Sully témoignent, en mille endroits, de la préoccupation de ce prince et de son ministre, à cet égard [1] ;

[1] « Il vous semble à propos que toutes ces dominations estans ainsi bien associées, vous fassiez faire tous ensemble une solemnelle prière à l'Empereur et au Roy d'Espagne (à cause qu'en eux réside la trop puissante et excessive domination, ambition et présomption de toute la maison d'Austriche),... etc. » Suivent les moyens indiqués pour réduire cette domination. (*Mémoires de* SULLY, édit. Petitot, t. VII, p. 94.)

« ..... Pour la faire ressouvenir (votre majesté) de ce qu'elle mesme m'en a dit autrefois, à sçavoir, que l'ambition, l'avarice et l'orgueil de cette maison a paru dès le tems de Raoul de Hapsbourg, leur premier devancier qui a fait parler de luy..., etc. » Suit l'historique de cet accroissement. (*Ibid.*, p. 303.)

« ..... Tant que dans la chrestienté subsisterait cette formidable domil'ambassade du président Jeannin et les m oires de ses négociations en Hollande, en témoignent également. Le poignard frappa Henri IV, en 1610, au moment où il se disposait à pénétrer en Allemagne à la tête de 40,000 hommes, de concert avec les princes protestants d'Allemagne, l'Angleterre et les Pays-Bas, après avoir préparé, contre l'empereur, l'expédition pour la succession de Clèves et de Juliers, prélude de la guerre de trente ans. Richelieu poursuivit ce but de l'abaissement de la puissance autrichienne, pendant toute sa longue et glorieuse administration; son testament politique est imbu de ses maximes à ce sujet; quand il mourut, en 1642, on approchait du terme de la guerre, que déterminèrent les victoires de Condé et de Turenne, et dont les traités de Westphalie, en 1648, formèrent la conclusion.

220. Le duc de Rohan, dans son ouvrage si renommé sur *Les intérêts des Princes*, dédié au duc de Richelieu, et composé en 1633, pendant l'espèce d'exil que le roi lui avait imposé à Venise, résume ainsi la politique de ces temps : « Il faut poser pour fondement, qu'il y a deux Puissances dans la

nation de la maison d'Austriche, icelle étant assez remplie d'aviditez et cupiditez, et possédant assez de grands et puissants Etats et royaumes,.... pour la faire aspirer continuellement à la monarchie de la chrestienté. » (*Ibid.*, t. VIII, p. 196.)

« ...... La première, à réduire toute la maison d'Austriche à une domination si bien ajustée, et proportionnellement composée, qu'elle délivre tous les Etats et dominations chrestiennes des craintes et appréhensions qu'elle leur a toujours donné sujet de prendre d'estre opprimez et asservis par elle; et la seconde, que tous ceux de cette maison soient persuadez, par raisons convenables, à se départir de leurs anciennes aviditez pleines d'extorsion, afin qu'ils ne pensent jamais à choses dommageables à autruy : à quoy il semble impossible de les pouvoir faire résoudre, tant qu'ils posséderont une quantité d'Etats et de royaumes, outre ceux que contiennent les Espagnes. » (*Ibid.*, t. IX, p. 27.)

Chrétienté, qui sont comme les deux Pôles, desquels descendent les influences de la Paix et de la Guerre sur les autres États, à sçavoir les Maisons de France et d'Espagne. Celle d'Espagne, se trouvant accrue tout d'un coup, n'a pu cacher le dessein qu'elle avait de se rendre Maîtresse, et de faire lever en Occident le Soleil d'une nouvelle Monarchie. Celle de France s'est incontinent portée à faire le contrepoids. Les autres Princes se sont attachez à l'une ou à l'autre, selon leur intérest[1]. »

Le jeu deces intérêts, au point de vue surtout de la politique de Venise, est présenté d'une manière intéressante dans un ouvrage antérieur de plusieurs années à celui du duc de Rohan, qui y puisa peut-être l'origine du sien, et curieux à consulter : l'*Opinion du père Paolo, servite, sur la manière dont doit se gouverner la république de Venise.* « La puissance de l'Espagnol, dit quelque part notre auteur vénitien, en se servant de métaphores peu relevées, que nous rapporterons cependant pour l'exactitude de la citation, la puissance de l'Espagnol est justement suspecte. Mais il est vrai aussi que cette bête fauve a deux limiers à ses trousses qui la poursuivent sans relâche : le Turc par mer et le Français par terre; sans parler du cautère de la Hollande, qui coule assez abondamment pour détourner quantité d'humeurs malignes[2]. »

A cette époque, on parle fort peu des peuples, beaucoup des

[1] Préface des *Intérêts des princes.* Cologne, 1666, in-12.

[2] *Opinione del padre Paolo, servita, come debba governarsi la Republica veneziana.* Venise, in-12, sans date. Ce père Paolo, de l'ordre des Servites, n'est autre chose que le célèbre Pierre SARPI. L'ouvrage a été traduit en français par l'abbé de Marsy, sous le titre de *Le prince de Fra-Paolo.* Berlin, 1751, in-12. On voit, par divers passages, que Sarpi l'a composé durant la minorité de Louis XIII, postérieurement à la mort de Henri IV (1610) et avant celle de Mayenne (1611), dont il parle encore comme vivant; par conséquent dans les derniers mois de l'année 1610 et dans les premiers de 1611.

princes : on traite des *intérêts des princes*, des *maximes des princes*; on ne dit pas *les droits*, mais *les intérêts*: « Les Princes commandent aux Peuples, et l'Intérêt commande aux Princes », écrit le duc de Rohan, en tête de son ouvrage. La politique de l'équilibre n'est encore ouvertement qu'une politique d'intérêt; elle n'a pas été érigée en théorie de droit. Il n'en est pas question dans le *Traité du droit de la guerre et de la paix*, qui se rapporte aux dernières années de cette phase (en 1624), et dans lequel Grotius jette les fondements de la science du droit international. L'auteur, sous l'empire des événements au milieu desquels il vit, s'y préoccupe seulement de l'opinion de ceux qui prétendent que, selon le droit des gens, il est permis de prendre les armes pour affaiblir un prince ou un État dont la puissance croît de jour en jour, de peur que si on la laisse monter trop haut, elle ne mette cet État en mesure de nous nuire dans l'occasion. Il réfute cette opinion, en avouant néanmoins que cette considération peut entrer, comme motif déterminant, dans la résolution de faire la guerre, si on a d'ailleurs un juste sujet de prendre les armes [1].

Toutefois, si la théorie de l'équilibre n'existe pas encore dans le cours des événements qui composent cette phase, on en aperçoit clairement le principe dans les projets de Henri IV et de Sully, dont nous aurons bientôt à parler; et elle reçoit sa première réalisation pratique dans les traités de Westphalie.

221. C'est encore la politique de résistance contre une ambition d'agrandissement devenue menaçante pour les États voisins, qui remplit la seconde phase. Le danger n'est plus dans la maison d'Autriche, il est dans la maison de France; au lieu de Charles-Quint, de Philippe II et des empereurs Ferdinand I, II et III,

[1] GROTIUS, *Droit de la guerre et de la paix*, liv. II, chap. I, § 17.

celui qui alarme l'Europe, c'est Louis XIV. « François Ier avait péniblement lutté contre la maison d'Autriche, dit M. Mignet; Henri IV avait triomphé de ses attaques ; Richelieu et Mazarin l'avaient abaissée ; il ne restait plus qu'à la déposséder. C'est ce que fit Louis XIV[1]. » A la fin de cette phase, en effet, au lieu de la maison d'Autriche, occupant à la fois le trône d'Espagne et le trône impérial d'Allemagne, c'est la maison de Bourbon, qui est assise à la fois sur le trône de France et sur le trône d'Espagne ; le système de l'équilibre européen, cependant, s'est développé, s'est fortifié comme principe de droit des gens conventionnel ; et la phase se termine par une nouvelle et grande réalisation pratique de ce système, à la paix d'Utrecht (1713).

222. Quatre guerres successives, qui vont chacune en augmentant de durée et d'étendue, la guerre de dévolution (1667 à 1668), la guerre de Hollande (1672 à 1678), la guerre d'Allemagne (1689 à 1697), enfin la guerre de la succession d'Espagne (1701 à 1713), remplissent la période dont nous parlons[2]. A chaque fois, le nombre des ennemis de Louis XIV augmente, quelqu'un de ses alliés se retire, les ligues formées contre lui s'étendent, et, suivant la devise dont Louvois le glorifiait, il reste « Seul contre tous[3]. » La triple alliance (1668), la grande alliance (1673), la ligue d'Augsbourg (1686), et la

[1] *Négociations relatives à la succession d'Espagne*, introduction, tome I, p. LIII.

[2] Ces guerres sont terminées : la première, par le traité d'Aix-la-Chapelle (1668); la seconde, par les traités de Nimègue (1678); la troisième, par le traité de Ryswick (1697); et la quatrième, par les traités d'Utrecht (1713), et de Rastadt (1714). Voir ces divers traités dans le *Corps diplomatique* de Dumont.

[3] « Si jamais devise a été juste à tous égards, c'est celle qui a été faite pour Votre Majesté : seul contre tous. » (*Testament politique de* Louvois, dans le *Recueil des testaments politiques*, t. IV, p. 237.)

grande ligue (1689), sont la manifestation des réactions toujours croissantes de l'Europe contre l'agrandissement auquel il aspire [1].

223. Le but que Louis XIV ne perd pas de vue est la succession d'Espagne. On peut dire, avec M. Mignet, que cette succession fut le pivot sur lequel tourna presque tout son règne [2].

Lorsqu'en 1612, après la mort de Henri IV, dans un moment de trêve entre la maison d'Autriche et la maison de France, on avait espéré cimenter entre ces deux maisons une paix solide, par le mariage du jeune roi Louis XIII avec la jeune infante d'Espagne, Anne d'Autriche, ce mariage n'avait été conclu que moyennant une précaution qui formait nouveauté et qui dérogeait, par contrat de mariage, à la loi fondamentale de l'hérédité dans la couronne d'Espagne. Anne d'Autriche avait renoncé, dans le contrat, à tous ses droits éventuels à cette couronne, et cette renonciation, deux fois renouvelée par elle, deux fois ratifiée par Louis XIII, approuvée par les Cortès, avait été mise au nombre des lois espagnoles [3]. Lorsque plus tard, en 1659, la guerre que les traités de Westphalie

[1] La première, entre la Hollande, l'Angleterre et la Suède; la seconde, entre l'empereur, la plupart des Etats de l'Empire et l'Espagne; la troisième, entre l'empereur, les Etats de l'Empire, l'Espagne, plus la Hollande, la Suède et le duc de Savoie; la quatrième, entre l'empereur, les Etats de l'Empire, la Hollande, la Suède, le duc de Savoie, plus l'Angleterre.

[2] *Négociations relatives à la succession d'Espagne*, introduction, t. I, p. LII.

[3] Renonciation d'Anne d'Autriche, dans son contrat de mariage, à Madrid, le 12 août 1612; renouvellement, avant d'entrer en France, à Burgos, le 16 octobre 1615; et après y être entrée, à Soissons, le 23 octobre 1615.— Ratification du Roi Louis XIII, par lettres-patentes du 12 novembre 1612, renouvelée à Bordeaux, le 26 septembre 1620. — Loi de l'Etat, de l'avis des Cortès, promulguée à Madrid, le 3 juin 1619, insérée plus tard (1640), dans la *Nueva recopilacion de las leyes de Castilla*, liv. V, tit. VII, loi 12.

avaient laissée subsister entre la France et l'Espagne fut enfin terminée par le traité des Pyrénées [1], on recourut au même expédient d'un mariage entre le roi Louis XIV et l'infante d'Espagne Marie-Thérèse, avec les mêmes précautions de renonciation [2]. Philippe IV suivit les errements de Philippe III; la reine mère, Anne d'Autriche, fit faire pour le mariage de son fils ce qui avait été fait pour le sien; comme Louis XIII, Louis XIV souscrivit à cette renonciation : « Mais le dernier, dit M. Mignet, avait la pensée de la violer s'il était jamais appelé à s'y soumettre [3]. » Ses négociations avec l'Espagne, entreprises dès 1661, pour obtenir la révocation des actes de renonciation ou pour en soutenir la nullité; sa réclamation, au nom de Marie-Thérèse, à la mort de Philippe IV (1665), des provinces du Brabant où le droit de dévolution était admis : commencement de prétention à la succession partielle de la monarchie espagnole; ses négociations et ses traités secrets, pour le partage éventuel de cette monarchie, d'abord avec l'empereur Léopold (1668), puis deux fois avec la Grande-Bretagne

[1] Signé le 7 novembre 1659, à Bidassoa. (Voir dans le *Corps diplomatique* de DUMONT, t. VI, part. II, p. 264.) — La capitulation ou traité de mariage est du même jour, et doit faire corps avec le traité de paix.

[2] Voir ces actes de renonciation dans le *Corps diplomatique* de DUMONT, t. VIII, partie première, p. 15 et suiv. — Lire aussi, sur toute cette affaire des mariages avec renonciation, la section première, première partie des *Négociations relatives à la succession d'Espagne*, par M. MIGNET, t. I, p. 2 et suiv., ainsi que la brochure de M. Ch. GIRAUD sur le *Traité d'Utrecht*. Paris, 1847, in-8°.

[3] *Négociations relatives à la succession d'Espagne*, introduction, p. LIV.— On ne saurait trop recommander la lecture de cette remarquable introduction, dans laquelle chaque phrase, chaque mot a sa portée. Les yeux exercés y reconnaissent, non-seulement un tableau saisissant de toute cette politique relative aux affaires d'Espagne, mais surtout une justesse, une fermeté d'appréciation, que l'étude approfondie des détails, faite par un esprit élevé, peut seule donner.

et la Hollande (1698 et 1700); enfin, son acceptation du testament de Charles II (1700), par lequel la couronne d'Espagne était déférée à son petit-fils, et la guerre de succession qui s'ensuivit, ne sont que les conséquences et le développement effectif de cette pensée.

Dans l'intervalle (de 1679 à 1684) se place l'affaire des Chambres de réunion, instituées par lui à Metz, à Besançon, à Brisach, pour statuer, de leur propre autorité, sur la nature et sur l'étendue des cessions faites par les traités de Westphalie et des Pyrénées, et pour lui adjuger les territoires qu'elles décideraient compris dans ces cessions : affaire qui commença, avant même celle de la succession espagnole, à soulever plus généralement et plus énergiquement contre lui les réclamations des puissances européennes.

224. Communément on attribue à une pensée d'équilibre européen les clauses de renonciation dans les contrats des mariages espagnols; mais il ne faut pas s'y méprendre. Pour en saisir l'esprit véritable, il faut prendre cette clause à son origine, lors du mariage de Louis XIII, époque où la maison redoutable pour l'équilibre de l'Europe était encore celle d'Autriche et non celle de France. L'auteur d'un écrit publié pour la défense de la cour d'Espagne contre les prétentions de Louis XIV, sous le titre de *Bouclier d'Estat et de Justice*, explique fort bien comment « la contrariété des Loix fondamentales de l'une et de l'autre Couronne, en deux points principaux », exigeait cette renonciation. D'une part, la loi fondamentale d'Espagne admettait les filles à la succession au trône, tandis que la loi salique de France les repoussait : de là une inégalité de situation, quant aux chances éventuelles d'hérédité, que la Couronne d'Espagne ne voulait pas subir. D'autre part, le royaume des Espagnes, d'après la loi fondamentale, était inaliénable et ne pouvait être démembré ni incorporé à aucun au-

tre; tandis que tout ce qui était acquis par les rois de France, à quelque titre que ce fût, devait, par la loi fondamentale de ce pays, être acquis à la couronne, lié désormais irrévocablement à elle, et assujetti aux mêmes lois et aux mêmes formes de gouvernement que la France. « De sorte que si la Monarchie d'Espagne tomboit, par Mariage ou autrement, sous le pouvoir d'un Roy de France, ajoute l'auteur du *Bouclier d'Estat*, elle deviendroit un membre et un accessoire inseparable de la France, elle seroit reduite au mesme estat que la Bretagne, et autres Provinces[1]. » Voilà, surtout, ce qui ne pouvait être admis, même éventuellement, en Espagne; voilà ce qui aurait révolté, non-seulement les grands, mais tout le peuple espagnol; ce qui faisait de ces clauses de renonciation une garantie populaire, une nécessité d'indépendance et de nationalité.

[1] *Bouclier d'Estat et de Justice* contre le dessein manifestement découvert de la Monarchie Universelle, sous le vain prétexte des prétentions de la Reyne de France, nouvelle édition, 1667, in-18. (Anonyme; par le baron DELL' ISOLA), p. 85 et suiv. — « Cette incompatibilité tint quelque temps le Conseil d'Espagne en suspens; il souhaitoit la paix, mais il ne la vouloit pas acheter au prix d'une si dure servitude, et les Directeurs de tant de Royaumes n'auroient jamais pu se résoudre à devenir Sujets d'un autre, ny voir leur Couronne dominante érigée en Province. » Page 87. — « Le chemin en estoit tout frayé par l'exemple de la Reyne Mère, et qu'en effet la renonciation qu'elle fit estoit de mesme nature que la présente, dans la forme et dans la substance, et estoit fondée sur la mesme cause de l'incompatibilité de ces deux successions. » Page 88. — « ... D'une necessité inevitable causée par la Loy Salique et par l'injuste extension que la France en fait sur tous les Estats que la fortune met en sa puissance. » Page 94. — « Si la Loy Salique les peut priver à perpetuité et tous leurs descendans d'un Royaume hereditaire, quelle injustice trouvera-t-on que l'Espagne ait voulu cette renonciation, pour ne pas tomber en la dépendance d'un Royaume estranger..... S'il ne peut estre tout ensemble Roy de France et d'Espagne, il faut qu'il s'en prenne à la Loy Salique, qui englotit tout ce qu'elle possede, et qui oblige tous les autres Royaumes de pourvoir à leur seureté par de justes precautions et par la Loy naturelle. » Page 105. — Voir aussi les motifs donnés dans la capitulation de mariage, art. 5 et suiv.

Mais à l'époque où l'ambition de Louis XIV est venue porter ombrage à toutes les puissances, l'intérêt de ces restrictions, d'espagnol qu'il était, devient européen; et c'est comme stipulation générale, pour l'équilibre des États, que la clause prohibant à toujours la réunion des deux couronnes d'Espagne et de France, prend place dans les traités d'Utrecht, avec une série de renonciations propres à la consolider; tandis que Charles II l'avait insérée dans son testament comme garantie pour la nationalité espagnole. On n'a pas assez remarqué cette différence, par laquelle les faits s'expliquent clairement. Aussi, dans la guerre de la succession, Louis XIV et son petit-fils avaient-ils pour eux l'Espagne, rassurée sur sa nationalité et sur l'intégrité de la monarchie, par la clause testamentaire; tandis qu'ils avaient contre eux le reste de l'Europe, déçue dans diverses prétentions de partage, et alarmée pour l'équilibre général. Alors, dans ses manifestes ou dans ses mémoires, la diplomatie de Louis XIV s'attache à démontrer que cet équilibre, « *cette balance égale désirée de toute l'Europe* », est bien mieux assurée par l'acceptation du testament de Charles II, qu'elle ne l'eût été par les résultats d'un partage [1].

225. On avait beaucoup parlé, durant la phase précédente, aux temps de Charles-Quint et de Philippe II, des projets de Monarchie chrétienne formés par ces princes; on parla beau-

[1] « Cette balance égale, désirée de toute l'Europe, subsiste bien mieux que si la France s'agrandissait par l'acquisition des frontières de l'Espagne, par celle de la Lorraine, par celle enfin du royaume de Naples et de Sicile. Sa majesté est persuadée qu'elle donne une preuve éclatante de sa modération en renonçant aux grands avantages que sa couronne recevait d'un pareil traité, et que la résolution qu'elle prend de conserver la monarchie d'Espagne dans son ancien lustre est encore plus conforme à l'intérêt général de toute l'Europe. » (Mémoire remis par M. de Torcy à l'ambassadeur d'Angleterre, le 12 décembre 1700. *Correspondance d'Angleterre*, volume CLXXXVII.)

coup, durant celle-ci, aux temps de prospérité de Louis XIV, de la Monarchie universelle qu'il ambitionnait. *Le Bouclier d'Estat et de Justice* est écrit *contre le dessein manifestement découvert de la Monarchie universelle ;* tous les livres de politique du temps[1] et les manifestes de la diplomatie[2] reproduisent la même idée. Les mots de balance et d'équilibre entre les États commencent à être prononcés et les principes à en être invoqués fréquemment dans les négociations, mais avec peu de précision et sans une signification bien nette[3]. La théorie n'en est pas encore formulée dans son expression la plus avancée. De même que Grotius, Puffendorf, successeur de cet écrivain dans la science du droit des gens, ne parle encore, à cet égard, en son livre sur le *Droit de la nature et des gens* (1672), que de la crainte ou de l'ombrage que donne aux autres États la puissance ou l'agrandissement d'un État voisin; et il pense que cette raison toute seule ne fournit pas un juste sujet de guerre : à moins qu'on n'ait une certitude morale des mauvais desseins formés contre nous[4]. Fénelon, qui écrivait quarante ans plus tard, est déjà plus explicite, il est vrai, sur les conditions de l'équilibre, et sur le grand corps, sur l'espèce de

[1] L'ouvrage sur les *Intérêts des princes*, du duc de Rohan, a eu une série d'imitations bien inférieures à l'original, mais qui ont suivi le cours des événements : *Intérêts et maximes des princes et des Etats souverains.* Cologne, 1684, in-18.—*Maximes des princes et Etats souverains*. Cologne, 1684, in-18. — *Nouveaux intérêts des princes de l'Europe.* Cologne, 1685, in-18. — Autre ouvrage sur les intérêts des princes. Anvers, 1695, in-18. — *La Monarchie universelle de Louis XIV*, avec les véritables moyens de la détruire, par Leti; trad. de l'italien, Amsterdam, 1689, 2 vol. in-12.

[2] Voir notamment le manifeste de l'archiduc Charles, du 9 mars 1704. (Collection de Dumont, t. VIII, partie Ire, p. 140.)

[3] Voir ci-dessous, n. 241, en note, les renonciations réciproques de Philippe V, roi d'Espagne et duc d'Anjou; de Philippe, duc d'Orléans, et de Charles, duc de Berry.

[4] Puffendorf, *Droit de la nature et des gens*, liv. VIII, ch. VI, § 6.

communauté que les nations voisines et liées par le commerce doivent former sous ce rapport. Mais son chapitre est intitulé : *De la nécessité de former des alliances, tant offensives que défensives, contre une puissance étrangère qui aspire manifestement à la monarchie universelle ;* il a en vue de proscrire « tout ce qui renverse l'équilibre et donne le coup décisif pour la monarchie universelle » ; d'empêcher, « ce qu'on voit souvent, qu'une nation se serve de la nécessité d'en rabattre une autre qui aspire à la tyrannie universelle, pour y aspirer elle-même à son tour. » C'est la préoccupation de l'époque ; et c'est celle qui dicte les raisonnements principaux de Fénelon [1].

En somme, à la fin de cette phase : dans les théories de la politique, les idées d'équilibre fondé sur un principe d'association permanente entre les peuples, quoique vagues encore, avaient gagné quelque terrain : il y avait un siècle que Henri IV et Sully les avaient émises par anticipation ! Et, quant à la pratique, les traités d'Utrecht (1713), qui terminent cette phase, avec celui de Rastadt (1714), qui en fut la suite, étaient un pas de plus dans la voie déjà ouverte par les traités de Westphalie : les arrangements territoriaux en Europe devenaient de plus en plus une affaire de droit des gens commun et conventionnel entre les puissances.

226. Il faut traverser l'espace de près de quatre-vingts années, pour retrouver, dans les événements européens, ce même caractère de coalition d'États contre le danger d'une puissance dominante qui s'élève et qui marche ostensiblement à une suprématie générale sur toutes les autres.

En effet, la guerre de la succession d'Autriche, terminée par

[1] FÉNELON, *Supplément à l'examen de conscience sur les devoirs de la royauté*, instructions écrites pour le duc de Bourgogne, après la retraite de Fénelon à Cambrai, et avant la mort du Dauphin (14 avril 1711), puisqu'il y est parlé de ce prince comme vivant encore.

le traité d'Aix-la-Chapelle (1748), et celle de sept ans, terminée par la paix de Paris et de Hubertsbourg (1763), n'ont pas ce caractère. Elles restent dans les limites de contestations et de difficultés territoriales liées au système des traités de Westphalie et d'Utrecht, et elles finissent par la confirmation générale de ce système.

La première coalition contre la France (celle de 1791), aux commencements de notre révolution, était fondée sur une prétention d'intervention dans les formes intérieures de notre gouvernement. Gustave III, roi de Suède, et Catherine II refusaient de recevoir la notification de l'acceptation de la Constitution par Louis XVI, qu'ils ne considéraient pas comme libre. Léopold, empereur d'Autriche, voulait déférer les affaires de France à la décision d'un Congrès européen, afin d'obtenir une modification de la Constitution française. L'Assemblée nationale répondit à ce projet en déclarant traîtres tous les Français qui consentiraient à soumettre l'indépendance de leur patrie à la décision d'un Congrès étranger.

Mais lorsque les armées de la République commencèrent à prendre l'offensive, et surtout à mesure que Bonaparte détruisait totalement l'état de possession résultant des traités de Westphalie et d'Utrecht par ses victoires successives, par les changements de dynasties et par le système des États fédératifs se reliant à l'empire français, la lutte reprit le caractère de la résistance des diverses puissances à une domination menaçante pour elles toutes. Les coalitions de 1799, de 1805, de 1806, de 1813 et de 1814, réunirent à différentes fois les forces des principaux États européens contre la France. Les traités de Campo-Formio, de Lunéville, d'Amiens, de Presbourg, de Tilsitt, de Vienne, ne marquèrent que des trêves momentanées, pendant ce combat de plusieurs années. Il n'est pas nécessaire que nous parlions plus longuement de cette période qui est si près de nous, et qui se conclut par les traités de 1814, de 1815, et par les actes du Congrès de Vienne.

227. Telles sont les trois phases, résumées chacune dans l'un de ces trois noms, Charles-Quint, Louis XIV, Napoléon, durant lesquelles la politique de l'équilibre se manifeste en sa forme la plus simple, la plus énergique, celle d'une résistance commune contre une domination menaçante : phases de luttes, de guerres renaissantes et prolongées. C'est dans le cours même de ces phases si agitées, à la suite de ces guerres, et comme conséquence des pacifications qui y mettent fin, que se produit la seconde forme sous laquelle la théorie de l'équilibre international nous apparaît, et doit être par nous étudiée.

IV.

228. Cette seconde forme, dont le caractère distinctif est celui d'un accord, d'une sorte d'association générale entre les puissances pour la constitution et pour la garantie en commun d'un certain état de possession territoriale conventionnellement réglé, a reçu, dans le droit des gens positif de l'Europe, trois grandes réalisations : la première, dans les traités de Westphalie (en 1648); la seconde, dans les traités d'Utrecht (en 1713), et la dernière, dans les traités de 1815.

229. Mais, avant la première de ces réalisations, se rencontrent les projets de Henri IV et de Sully, qu'on a qualifiés, trop facilement peut-être, d'utopies, faute d'en avoir assez considéré le côté pratique et les moyens d'exécution préparés de longue main.

230. Trois intérêts agitaient alors l'Europe : la trop ample domination de la maison d'Autriche, entamée déjà par la révolution des Provinces-Unies des Pays-Bas; les guerres de religion, soutenues par cette maison contre les protestants et les réfor-

més; la Constitution de l'Empire, altérée par elle et de plus en plus opprimée : ces trois intérêts, tellement liés entre eux, que dans le premier se trouvaient contenus les deux autres.

Le « ravalement » de la faction espagnole, la pacification des guerres de religion, la nécessité, « pour en advancer l'effet », d'une association entre tous les États « qui avoient ou estoient pour avoir apprehension de l'avidité insatiable de la maison d'Autriche », avaient fait la préoccupation constante de Henri IV. Depuis l'année 1589, il ne s'en était jamais départi; il y avait « plus efficatieusement travaillé après la paix de Vervins (1598)[1] »; il en avait conféré, en 1601, avec la reine Élisabeth, « par l'entremise de leurs plus confidents serviteurs », le roi se trouvant à Calais et la reine à Douvres, dans un rendez-vous qu'ils s'étaient donné[2]. Après la mort de cette reine (en 1603), il avait envoyé Sully en Angleterre pour sonder les dispositions du nouveau roi, qui s'était montré « en humeur de plus grande circonspection et temporisement[3] »;

[1] *Œconomies royales* ou *Mémoires de Sully*, collection Petitot, t. VIII, p. 202, 330.

[2] *Ibid.*, t. VII, p. 319 : « Insistoit toujours... cette brave Élizabeth, reine d'Angleterre, qu'il falloit rabattre la fierté et l'avidité de ceux que l'on reconnoistroit avoir de tels desseins et prétentions : ce qu'il seroit difficile d'entreprendre sans avoir fait auparavant une grande association et confédération de plusieurs grands potentats, lesquels concurrassent tous à cette entreprise. » — Tom. VIII, p. 197 : « ... Dont, pour son regard, les plus grandes difficultez consistoient en un accommodement pour faire subsister les diversitez de religion sans guerre, et à réduire en approchante esgalité d'estendue de domination, force et puissance, tous les potentats chrestiens dont cette république seroit composée. » — Tom. IX, p. 57 : « ... Connoissant l'ambition et avidité insatiable de la maison d'Austriche, elle ne croyoit pas qu'il se deust rien entreprendre que par une précédente diminution de leurs puissances... ; mais que, pour y parvenir plus facilement, il luy sembloit nécessaire de joindre à ce dessein tous les autres princes qui apprehendent d'estre opprimez par cette race ambitieuse. »

[3] Tom. VII, p. 319; et t. VIII, p. 331.

néanmoins, de nouveaux articles, « quelque trop pleins de froideur, lenteur et timidité », avaient été convenus pour la confédération par lui proposée [1], et le prince de Galles l'avait fait assurer qu'il ne lui verrait jamais mettre les armes en la main, surtout contre l'Espagnol, qu'il n'y accourût aussitôt avec une bonne armée [2]. Des intelligences avaient été établies, à diverses reprises, par Henri IV avec d'autres princes [3]; des résolutions avaient été convenues, en 1603, entre ses délégués et ceux des rois d'Angleterre, de Danemarck et de Suède [4]; des députés, agents et négociateurs avaient été envoyés, par toute l'Allemagne, de 1608 à 1609, avec des instructions générales, communicables ostensiblement, et des instructions plus particulières et confidentielles [5]. Par suite des démarches de ces agents, il s'était fait, à découvert, une assemblée, à Halle, en Souabe, de dix-huit ou vingt princes, liés d'amitié avec Henri IV [6]. On formerait une confédération de rois, princes et États, et les confédérés auraient pour agréable qu'elle fût nommée l'association très-chrestienne [7]; on choisirait les trois sortes de religion de plus esgale étendue dans la chrestienté d'Europe, et l'on trouverait des expédients pour les faire compatir et vivre pacifiquement ensemble [8]; l'Empire serait remis en ses droits et priviléges, les électeurs reprendraient leur libre suffrage, et il ne serait jamais élu deux empereurs d'une même maison tout de suite [9]; l'Autriche serait restreinte, pour

[1] Tom. VIII, p. 203; voir ces articles, p. 204.
[2] *Ibid.*, p. 203.
[3] *Ibid.*, p. 332 et 333.
[4] Voir ces résolutions, t. IX, p. 52.
[5] Voir ces instructions, t. VIII, p. 220 et 225.
[6] Tom. VIII, p. 231.
[7] *Ibid.*
[8] Tom. IX, p. 52.
[9] Tom. VIII, p. 230, 231 et 239.

ses dominations héréditaires en Europe, au seul continent des Espagnes et aux isles voisines [1]; les possessions dont elle serait réduite seraient distribuées suivant des bases convenues, et les limites des diverses puissances de l'association chrestienne déterminées par accord entre les confédérés [2].

Par ces conditions, et par les principales données mises en avant, Henri IV avait intéressé à ses projets : les États protestants, pour leur religion; les princes et villes de l'Empire, la Hongrie, la Bohême et diverses provinces, pour la restitution de leurs droits et priviléges; la Pologne, pour son agrandissement; les Provinces-Unies des Pays-Bas, les Suisses et les Vénitiens, pour l'extension de leur république respective; le duc de Savoie, pour le partage qu'il réclamait du chef de sa femme contre le roi d'Espagne, avec l'espérance du Milanais joint à ses autres États et érigé en royaume; le pape, pour l'augmentation des États pontificaux, avec l'engagement, d'ailleurs, qu'il ne serait jamais élu d'empereur ni de roi des Romains qui ne fût catholique, et la perspective que la confédération très-chrestienne ferait une guerre perpétuelle aux infidèles [3].

L'affaire de la succession de Clèves avait été prévue et marquée à l'avance comme devant fournir l'occasion de commencer l'exécution [4]; on procéderait pas à pas, de réclamation en réclamation, sous forme pacifique de prime abord, en prenant Henri IV pour amiable compositeur; cependant cette amiable composition serait appuyée d'une armée, et les confédérés s'étaient engagés à fournir chacun, au besoin, leur contin-

[1] Tom. IX, p. 52.

[2] *Ibid.*, p. 231.

[3] Tom. VII, p. 89; t. VIII, p. 234, 320 et 334; et t. IX, p. 47 et 58.

[4] Tom. VII, p. 320; t. VIII, p. 204 et 233; t. IX, p. 60.

gent[1]. Henri IV payait des pensions à des cardinaux « pour avoir faveur au conclave » ; il en payait aux archevêques de Cologne, de Trèves, au duc de Bavière et à certaines villes impériales d'Allemagne[2] ; il s'était obligé à verser trois millions au pape, trois millions aux Vénitiens, trois millions au duc de Savoie, pour les aider chacun à fournir leur contingent armé[3]. L'occasion prévue était arrivée : les prétendants à la succession de Clèves et de Juliers avaient recouru à l'assistance du roi de France. Tandis qu'une armée de douze mille hommes, sous M. Desdiguières, était mise à la disposition du duc de Savoie, une autre armée, de trente-six mille hommes de pied et huit mille chevaux, était prête à entrer en Allemagne, fournie de fonds et de vivres « pour faire telle armée subsister en payant partout, comme toute pacifique » ; mais traînant avec elle cinquante canons, et des munitions « pour les faire ronfler[4]. » Voilà le côté pratique de ces projets de Henri IV, que Sully appelle toujours *les hauts et magnifiques desseins du roi.*

231. Il est vrai que Sully, à qui le roi confiait ses projets et remettait le soin d'en organiser les détails avec les moyens d'exécution, allait plus loin dans cette organisation. La confédération projetée par Henri IV devait recevoir « un establissement universel et perpétuel dans l'Europe[5], sous le titre de *Respublique très-chrestienne*[6] » ; elle devait comprendre quinze dominations, dont cinq royales électives, six royales héréditaires, et quatre en forme de république de diverses natures[7]. Sully

[1] Voir les états de ce contingent, t. IX, p. 71.

[2] Tom. VII, p. 320 et suiv.

[3] Voir les états, t. IX, p. 68.

[4] Tom. VIII, p. 214, et t. IX, p. 46.

[5] Tom. VIII, p. 231.

[6] Tom. VII, p. 10, 89, 299, 315, 318 ; t. VIII, p. 231 ; t. IX, p. 14, 34.

[7] Cinq royales électives ; le Pape, l'Empereur et les Roys de Pologne, Hongrie et Bohême ; six royales héréditaires : celles de France, Espagne,

en combine l'arrangement sur une donnée générale d'égalité et de contre-poids, avec une largeur de vues qui s'allie à la connaissance pratique de la situation et des intérêts politiques de l'Europe de ces temps [1]; il explique par quelles raisons l'empereur, roi ou grand-duc de Russie et Moscovie, qu'il appelle le *puissant knès scythien*, ne devait pas être pressé encore d'entrer dans cette confédération, jusqu'à ce que ces grands princes en fissent eux-mêmes les ouvertures [2]. Entre toutes ces dominations, il devait être posé « des limites si certaines et si bien ajustées, que nulle des quinze ne pût entreprendre d'outrepasser icelles, sans s'attirer l'attaquement des autres quatorze sur les bras [3]. » Le génie de Sully y entrevoyait déjà : la liberté de conscience individuelle [4], restreinte néanmoins dans l'exercice libre et public de trois sortes de religion seulement, la romaine, la protestante et la réformée [5]; la liberté de com-

Angleterre, Danemarck, Suède et Lombardie, nouveau royaume qu'on érigerait pour le duc de Savoie; enfin, quatre républiques : celle de Venise; une autre, qui serait composée des duchés de Gênes, Florence, Mantoue, Parme, Modène et divers petits Estats souverains d'Italie; celle des Suisses, considérablement agrandie; et celle des dix-sept provinces des Pays-Bas, également avec de nouvelles adjonctions. (Tom. VIII, p. 253, et t. IX, p. 37.)

[1] Voir plus particulièrement les passages indiqués à la note précédente, et ceux de la note 3, p. 156.

[2] Tom. VIII, p. 263.

[3] Tom. VII, p. 103.

[4] Sully invoque, à ce sujet, l'exemple de Dieu, qui « laisse une si grande quantité de peuples errer à l'aventure et lui rendre des sortes de services tant différents. « Ce qui instruit suffisamment, dit-il, tous potentats à laisser à Dieu le régime des esprits pour les choses spirituelles, et à se contenter des services corporels pour les choses civiles et temporelles. » (Tom. VII, p. 309.)

[5] « Afin aussi de ne tomber pas dans un libertinage esventé au choix de quelque particulier en matière de foy et créance. » Par le motif, d'ailleurs, qu'il n'y avait dans tous les Estats des quinze dominations que ces trois sortes de religions vrayement subsistantes en grande puissance. L'établissement devait en être réglé « avec de tels fondements et assaisonnements, que

merce [1], la liberté de la navigation et la liberté de la mer [2]; enfin, indépendamment d'un certain nombre de conseils particuliers, un conseil général, « composé avec esgalitez proportionnelles des quinze dominations », seroit perpétuel arbitre souverain, pour les intérêts communs et pour les contestations [3]. De telle sorte que cette république très-chrestienne demeureroit tousjours pacifique dans elle-même ; qu'il n'y interviendroit jamais de noises, disputes, guerres ni querelles entre les Estats, et que les potentats s'y pourroient familiariser et entre-visiter les uns les autres, et leurs femmes, enfants et sujets, sans fast, vanité, pompe et despence onéreuse, aussi amiablement que les parents et amis de mêmes provinces [4]. « Ce qui doit bien estre le premier en l'intention (ajoute Sully, qui n'a pas une foi complète dans cette concorde universelle), mais est tousjours le dernier en l'exécution [5]. »

Au tableau de sa république générale, le ministre de Henri IV joignait ce dernier trait : « que tousjours pacifique avec tous les chrestiens, elle devoit estre toujours militante avec les infidèles, et entretenir contre ceux-ci une guerre continuelle, afin de *recouvrir* ce qu'ils avoient usurpé dans l'Europe, voire de passer outre, si les heureux progrez en faisoient naistre l'oppor-

la subsistance en fût rendue tousjours pacifique des uns envers les autres. » (Tom. VIII, p. 265 et 267.)

[1] « Plus, qu'entre tous ces associez, il y aura une entière liberté de commerce dans les estendues des païs des uns des autres, tant sur terre que sur mer. » (Tom. VIII, p. 204.)

[2] « Il semble à propos d'establir un tel ordre au fait de la navigation, et surtout pour ce qui regarde les voyages de long cours, que la mer seroit aussi libre que la terre à tous les princes, Estats et nations, lesquels réclament le nom de Christ, et qu'ils ayent esgalité de trafic et commerce dans toutes les Indes et autres lieux, etc. » (Tom. IX, p. 19.)

[3] Tom. VII, p. 103, 312, et t. VIII, p. 269.

[4] Tom. VII, p. 89, et t. IX, p. 34.

[5] Tom. VII, p. 89.

tunité[1]. » Ainsi Christophe Colomb, si nous en croyons les lettres par lui adressées au pape, tentait la découverte du Nouveau-Monde dans le but d'amasser un trésor suffisant pour faire lever une armée et reconquérir le saint sépulcre. A ces guerres continuelles contre les ennemis du nom de Christ, Sully voit encore un autre motif : il en fait un dérivatif au dehors de l'association, pour maintenir la paix au dedans : un moyen de « descharger les Estats de leurs mauvaises humeurs, et des esprits contentieux et hargneux qui ne sçauroient vivre que dans les rioltes et contentions de corps et d'esprit[2]. »

232. Tel est le côté spéculatif et, si l'on veut, un peu imaginaire de ces projets. Sully ne s'en dissimule pas le caractère à ce dernier point de vue : ce sont ses folles fantaisies[3], des ratiocinations de sa faible cervelle[4]; il ne doute point que plusieurs ne les tiennent pour imaginations pleines d'implications et d'impossibilités[5]; que l'on ne répute toutes ces ouvertures plustost pour vaines, frivoles et chimériques, voire procedantes de caprices et fantaisies d'un esprit embarrassé, que pour propositions bien digérées et meurement examinées; puisque lui-mesme, en les formant, s'est trouvé souvent assailly de tant de doutes et d'objections à y faire, qu'il en a plusieurs fois comme abandonné la continuation du discours[6]. » C'était Henri IV qui avait conçu le premier projet de cette grande confédération ou république chrestienne et pacifique en Europe. Ceux qui ont révoqué ce fait en doute[7] n'avaient pas lu

[1] Tom. VII, p. 99, 319; t. IX, p. 34.
[2] Tom. VIII, p. 272, et t. IX, p. 21.
[3] Tom. VII, p. 299 et 308.
[4] Tom. IX, p. 30.
[5] Tom. VII, p. 102, 300, 313; t. VIII, p. 293; t. IX, p. 22, 34.
[6] Tom. IX, p. 24.
[7] Comme SISMONDI, dans son *Histoire des Français*, t. XXII, p. 148.

avec assez de soin les preuves nombreuses et irrécusables qui s'en trouvent dans les mémoires de Sully; mais c'est le ministre qui dresse le plan, qui organise et réglemente l'exécution. Aux premières ouvertures que le roi lui en fit, ainsi qu'à « aucuns de ses plus confidens et spécieux serviteurs, il n'y en eut pas un qui n'estimast que le roi ne l'eût fait plustost pour s'esgayer l'esprit, faire paroistre la gentillesse et vivacité d'iceluy, et qu'il excelloit en belles inventions, que pour desir de l'entreprendre [1]. » Mais le roi leur ayant commandé à diverses reprises de méditer dessus et d'en dire après leur avis, Sully, travaillant et retravaillant ces projets, dressant des mémoires et des états pour l'exécution, crut voir disparaître les impossibilités, et il assure que le roi avait si bien préparé toutes choses pour les faciliter, que s'il eût vécu dix ans de plus, dont les trois premiers lui auraient suffi pour réduire toute la maison d'Austriche dans le seul continent des Espagnes, il les eût amenés à bonne fin [2]. Du reste, tout en traçant le plan dans son entier, il ne cesse de conseiller au roi de ne rien précipiter, de ne trop vouloir mener de choses à la fois, mais de marcher vers la finale conclusion du total comme pas à pas, par degrés et poursuites de desseins l'un après l'autre, selon que les opportunités, les succès et les erreurs d'autruy lui en donneraient occasion; lui rappelant ces deux proverbes : « Qui trop embrasse mal estreint, et qui previent les temps, fort souvent il s'en plaint [3] »; lui recommandant surtout de ne témoigner nulle volonté de s'advantager, eslever ny agrandir, nulle vanité de soi-même, ni desir de préeminence, car il ne pourrait le faire, ajoute Sully, prédisant en quelque sorte ce qui devait arriver sous Louis XIV, « que tous n'en entrent en ja-

[1] Tom. VII, p. 316; t. IX, p. 55, 57.
[2] Tom. VII, p. 313, 316; t. VIII, p. 296; t. IX, p. 22 et 34.
[3] Tom. VII, p. 317 et 326; t. VIII, p. 249; t. IX, p. 27, 30, 60.

lousie, et ne se jettent dans la crainte d'en estre dominez avec la mesme avidité, orgueil et domination qu'a voulu faire la maison d'Austriche, de l'impérieux joug de laquelle ils ont tant desiré de se pouvoir tirer [1]. » Finalement, sa conclusion pratique est, que quand bien même tous ces magnifiques desseins du roy ne pourraient être amenés à leur totale perfection, « si en réussira-t-il tousjours quelques bons effets [2]. »

Un matin, c'était le mardi 11 mai 1610, au milieu des préparatifs de son départ pour l'expédition d'Allemagne, premier pas qu'il allait faire dans la mise à exécution de ses projets, Henri IV vint voir Sully à l'Arsenac, et si-tost qu'il fut entré dans le cabinet de son conseiller et qu'il en eut fermé la porte : « J'ai leu et releu vos mémoires, dit-il, esquels il y a plusieurs choses bonnes, faciles à entendre et à exécuter; mais il y en a d'autres où il me semble qu'il y a beaucoup à redire, et où j'ai peur que vous-même n'y trouviez pas votre compte [3]. » Sully lui ayant remis alors divers états qu'il avait dressés, des armées des confédérés, des armées du roy, des fonds pour l'entretenement de ces armées, et de l'argent comptant, montant à plus de quarante-trois millions, par lui ramassés et ménagés de longue date à cette intention, le roy, après avoir parcouru et serré ces papiers, embrassa Sully par trois fois, et, s'en allant, il lui dit : « Voilà deux estats qui m'ont grandement soulagé l'esprit, voyant le fonds de ma despence asseuré [4]. » Trois jours après, il était assassiné [5].

233. Ces projets de Henri IV, organisés et développés par Sully, ouvraient pour la première fois, et bien avant l'époque

[1] Tom. VII, p. 317; t. IX, p. 26.
[2] Tom. VII, p. 317.
[3] Tom. VIII, p. 343.
[4] *Ibid.*, p. 360.
[5] *Ibid.*, p. 371 : le vendredi, 14 mai 1610.

où quelque chose devait en être réalisé par les traités, une théorie de l'équilibre politique par forme d'association entre les États, avec répartition des territoires arrêtée en commun dans un système de contre-poids et d'intérêt général, et placée sous la garantie de toutes les puissances. Poussée jusqu'à ses dernières limites, cette théorie aboutissait, comme on le voit, à des projets de pacification générale et perpétuelle, remis au jour, plus tard, par l'abbé de Saint-Pierre, sous le titre de Projet de paix perpétuelle proposé autrefois par Henri le Grand; puis par J.-J. Rousseau, sous celui de Projet de paix perpétuelle de M. l'abbé de Saint-Pierre; puis par Bentham, par d'autres écrivains secondaires, et finalement entrés aujourd'hui, avec plus d'expansion, dans les préoccupations théoriques de plusieurs esprits [1].

234. Des projets ainsi préparés par Henri IV et par Sully comme devant fonder une association et une paix perpétuelle dans la chrétienté d'Europe, aux traités qui fondèrent plus tard la paix de Westphalie et les engagements des puissances européennes à l'occasion de cette paix, la transition n'est pas sans lien logique. On n'a pas assez remarqué, peut-être, que ce qu'on trouve dans ces traités de Westphalie, c'est, au fond, une réalisation partielle de celles des idées d'Henri IV qui tenaient le plus étroitement aux nécessités générales de l'époque. Tout

[1] L'abbé DE SAINT-PIERRE : *Projet de traité conclu pour rendre la paix perpétuelle* entre les souverains chrétiens, pour maintenir toujours le commerce entre les nations, et pour affermir davantage les maisons souveraines sur le trône, proposé autrefois par Henri le Grand, roi de France, agréé par la reine Élisabeth, par Jacques Ier et par la pluspart des potentats de l'Europe. Utrecht, 1713, 3 vol. in-4°. — *Abrégé du projet de paix perpétuelle*, 1729, 3 vol. in-8°. — J.-J. ROUSSEAU : *Extrait du projet de paix perpétuelle de M. l'abbé de Saint-Pierre*, 1764. — JÉRÉMY BENTHAM, *Projet de paix perpétuelle*, manuscrit de 1789, publié dans la collection de ses œuvres, éditée par John Bowring. London, 1839, part. VIII, p. 537.

ce qu'il y avait de plus facilement applicable, dans un système conduit par le génie de Sully jusqu'aux confins de la spéculation théorique, s'en était dégagé, avait pénétré les esprits, gagné les affaires, et la pratique internationale d'alors le faisait passer dans le droit des gens positif.

235. Un accommodement et des garanties d'égalité, en Allemagne, pour l'exercice des trois religions qui avaient été en si longue lutte, la catholique, la protestante et la réformée; une détermination mieux assurée des droits des États de l'Empire, dans leurs relations surtout avec l'empereur; une réduction de la puissance autrichienne, dans la maison espagnole et dans la maison allemande; la reconnaissance par cette dernière puissance de la république de Hollande et de la république des Suisses, fondées et depuis longtemps affermies toutes les deux en affranchissement de sa domination; certains arrangements, certaines concessions territoriales en Italie, principalement en faveur du duc de Savoie; jusqu'à la pensée de prévenir désormais les guerres, et de faire terminer les différends à venir par la voie d'une amiable composition[1]: tout cela se retrouve dans les diverses dispositions des traités dont l'ensemble constitue la paix de Westphalie. Seulement, les résultats sont amoindris; et, au lieu de dix années que Sully croyait suffisantes à Henri IV pour mener à fin ses projets, il en avait fallu presque quarante (de 1610 à 1648), avec des guerres générales et continues, pour arriver à ces résultats. Le point capital, c'est le caractère d'un accord, d'un engagement systématique entre les puissances pour arrêter et pour garantir en commun ces arran-

[1] « ... Et s'il arrive que quelque point en soit violé, l'offensé tâchera premièrement de détourner l'offensant de la voie de fait, en soumettant la cause à une composition amiable ou aux procédures ordinaires de la justice. » (*Traité d'Osnabruck*, art. 17, § 5.)

gements[1], après les avoir débattus, en congrès, dans une grande réunion de plénipotentiaires.

236. On a dit et répété bien des fois, depuis cette époque, que les traités de Westphalie ont ouvert une ère nouvelle dans les relations internationales; qu'ils ont fondé véritablement le droit public des gens en Europe, et l'on a pris ces traités pour point de départ des progrès successifs de ce droit. Tout cela est vrai, précisément à cause de cette discussion préalable, entre les plénipotentiaires des diverses puissances, sur un grand ensemble de questions européennes, premier exemple des congrès ou conciles diplomatiques; à cause de cet accord, qui a déterminé, par des stipulations précises, certains liens d'existence et de coordination communes entre les États de l'Europe; qui a fait une affaire générale de toute affaire particulière touchant au maintien de ces stipulations, et qui, de cette manière, a fait entrer pour la première fois les conditions de l'équilibre politique dans la voie d'un système conventionnel, organisé par des traités, et assis sur le principe d'une sorte d'association permanente entre les États.

Un de nos publicistes, que nous nous plaisons à étudier et à citer, M. d'Hauterive, a vu dans ces traités « l'assignation de la place qui appartenait à chacune des puissances continentales dans la grande échelle politique de l'Europe; la fixation des rapports d'égalité, d'infériorité, de patronage; les règles du

[1] « Que tous ceux qui ont pris part à cette transaction soient obligés de défendre et protéger, toutes et chacune, les lois ou conditions de cette paix, contre qui que ce soit, sans distinction de religion. » (*Traité d'Osnabruck*, art. 17, § 5.) « ... Et si dans l'espace de trois ans, le différend ne peut être terminé par l'un ou l'autre de ces moyens, que tous et chacun des intéressés en cette transaction soient tenus de se joindre à la partie lésée, et de l'aider de leurs conseils et de leurs forces. » (*Ibid.*, article 17, § 6.)

secours des forts et du recours des faibles; enfin, l'indication du système de conduite politique qui convenait à tous les États, des rivalités que chaque gouvernement devait craindre des alliances qu'il devait rechercher[1]. » Peut-être un œil peu exercé ne saurait-il, à la simple lecture des articles dont se composent les traités de Westphalie, y apercevoir tant de choses; mais il est certain que ces idées se développèrent et se fortifièrent durant les négociations préparatoires aux traités, qui durèrent plus de cinq ans (de 1642 à 1648); que l'esprit des hommes d'État et des gouvernements s'en pénétra; que le texte des traités en fut une sanction pratique, et que sur cette base le principe d'un droit général et conventionnel prit son assiette. Aussi peut-on remarquer que c'est de cette époque que datent les relations diplomatiques régulièrement suivies, et l'usage des légations ou des ambassades permanentes entre les puissances.

237. Toutefois, cette première réglementation d'un certain équilibre territorial et politique, par voie de convention et de garantie communes, n'avait pas encore l'étendue et le caractère d'unité que comporte un pareil système. D'une part, plusieurs puissances européennes restaient à l'écart : la Russie n'était pas encore entrée dans le mouvement général des affaires; la Prusse était trop peu de chose alors pour y figurer autrement que d'une manière secondaire et passive, quoique le système introduit en Allemagne par le traité de Westphalie préparât, à l'insu même des parties, son agrandissement futur; l'Angleterre s'était tenue à l'écart; le pape avait protesté; le grand seigneur n'était pas compris dans l'ensemble de la chrétienté. Les puissances contractantes étaient la France, la Suède, la Hollande et les États de l'Empire, en regard des deux

[1] *De l'état de la France à la fin de l'an VIII*, p. 3.

chefs de la maison d'Autriche, le roi d'Espagne et l'empereur d'Allemagne : chacune des parties stipulant en outre pour ses alliés, États secondaires qui, ayant suivi la fortune de la guerre, participaient accessoirement à la conclusion.

D'autre part, même entre ces parties contractantes, l'arrangement ne s'opérait point par un traité unique et général, mais il se décomposait en divers traités séparés : — traité entre l'Espagne et la Hollande, du 30 janvier 1648, à Munster, qui n'est pas compté diplomatiquement dans ce qu'on nomme la paix de Westphalie, quoiqu'il en soit un prélude important ; — traité entre la Suède, l'empereur et les Etats de l'empire, du 24 octobre 1648, à Osnabruck, première partie de la paix de Westphalie ; — enfin, traité entre la France, l'empereur et les Etats de l'empire, du 24 octobre 1648, à Munster, seconde partie de la paix de Westphalie[1].

Cette pacification de Westphalie n'était pas même générale ; les deux puissances le plus individuellement rivales et hostiles entre elles, l'Espagne et la France, restaient en état de guerre ; ce ne fut que onze ans après, par le traité des Pyrénées, du 7 novembre 1659, que cette guerre prit fin : de telle sorte que ce traité des Pyrénées se relie comme un complément aux traités de Westphalie ; ceux-ci avaient pacifié l'Allemagne et le Nord ; celui-là pacifie le Midi.

238. La seconde réalisation du système d'équilibre conventionnel, inauguré par les traités de Westphalie, fut celle des traités d'Utrecht. De même que les traités de Westphalie étaient intervenus après trente ans (1618 à 1648), de même les traités d'Utrecht intervinrent après seize ans de guerres européennes presque générales (1667 à 1713), dont les douze derniers pour cause de la succession d'Espagne ; de même que

[1] Voir ces traités dans DUMONT, t. VI, part. I, p. 429 et suiv.

le système de Westphalie avait été organisé en vue de la domination de la maison d'Autriche, de même celui d'Utrecht le fut en vue de la puissance de la maison de France, qu'il s'agissait de restreindre et de contenir. Depuis la paix de Westphalie, le cours des événements politiques, l'extinction surtout de la dynastie espagnole autrichienne, avaient dérangé l'équilibre alors convenu, et nécessitaient un nouvel arrangement de puissance et de territoire. Ce fut cet arrangement qui, après de longues années d'oscillations et de perturbations, fut enfin arrêté à Utrecht.

239. Lors de la pacification de Westphalie, c'étaient l'empereur d'Allemagne et le roi d'Espagne, deux princes de la maison d'Autriche (Ferdinand III et Philippe IV), qui se trouvaient en présence des Etats coalisés contre eux, et qui avaient à traiter avec ces Etats; lors de la pacification d'Utrecht, ce sont le roi de France et le roi d'Espagne, deux princes de la maison de France (Louis XIV et son petit-fils), qui sont placés dans une situation analogue. A la tête des Etats coalisés, lors de la paix de Westphalie, marchaient la France et la Suède, l'Angleterre était à l'écart; à la paix d'Utrecht, c'est l'Angleterre qui prend la tête et qui mène les négociations. La Suède n'y figure plus.

240. Ces négociations, ouvertes à Utrecht, le 29 janvier 1712, dans un congrès de plénipotentiaires des puissances intéressées, aboutirent à une conclusion au bout d'un an (le 11 avril 1713) : il en avait fallu cinq pour arriver aux traités de Westphalie. Il est vrai que déjà depuis plus d'une année, dès les premiers jours de 1711, la reine et le ministère d'Angleterre s'étaient montrés disposés à entrer en arrangement avec Louis XIV; un événement important avait fortifié ces dispositions et hâté l'accommodement, en modifiant les intérêts d'équilibre. L'empereur Joseph Ier était mort (17 avril 1711),

laissant pour successeur à l'empire son frère, l'archiduc Charles, le compétiteur même de Philippe d'Anjou au trône d'Espagne. En continuant à soutenir ce compétiteur, c'était la puissance de Charles-Quint qu'on allait aider à reconstruire, c'était la réunion de la couronne d'Espagne aux possessions de la maison d'Autriche et à l'empire d'Allemagne qu'on allait opérer de nouveau : réunion jadis tant combattue, et bien plus redoutable pour l'équilibre de l'Europe que l'élévation d'une branche cadette de la maison de Bourbon, surtout au moment où la France venait d'être si considérablement affaiblie. Entre ces deux dangers, la politique d'équilibre n'avait pas à hésiter : il lui suffisait de prendre des précautions pour empêcher dans l'avenir la réunion des couronnes de France et d'Espagne, et pour amoindrir dès à présent ces deux puissances, en fortifiant, par la distribution des territoires qui leur étaient enlevés, les Etats plus spécialement destinés à leur faire contre-poids, ou qui avaient paru le mieux autorisés à élever des prétentions sur les dépendances de la succession espagnole.

241. Tel fut l'esprit général des diverses dispositions contenues aux traités d'Utrecht, ainsi qu'on pourra s'en convaincre par un examen de détail. Ces préoccupations d'un nouvel équilibre à établir dominent la situation. Elles sont bien plus marquées et bien plus formellement exprimées à l'époque des traités d'Utrecht, qu'elles ne l'étaient à l'époque des traités de Westphalie; l'idée s'est développée et consolidée dans la pratique internationale. Elles apparaissent à chaque page dans la correspondance du ministre anglais, lord Bolingbroke [1], et dans les conférences préparatoires relatives à cette affaire ;

[1] BOLINGBROKE, *Letters and correspondance*, London, 1798, 4 vol. in-8°, principalement t. I. — *Lettres historiques, politiques, philosophiques et particulières*, traduites par le général Grimoard. Paris, 1808, 3 vol. in-8°.

Louis XIV se prête à chercher les moyens d'y donner satisfaction; on insère, à titre d'annexe, dans les traités, les renonciations réciproques du roi d'Espagne, pour lui et pour ses descendants, et des princes français pour eux et pour leurs descendants, à leurs droits éventuels de succession, les premiers sur la couronne de France, les seconds sur la couronne d'Espagne[1]; le texte même de ces renonciations prend sa base principale sur la nécessité du nouvel équilibre qu'il s'agit de fonder[2].

[1] Art. 6 du traité d'Utrecht entre le roi de France et la reine de la Grande-Bretagne ; art. 31 du traité avec les Provinces-Unies des Pays-Bas ; art. 6 du traité avec le duc de Savoie ; art. 2 du traité entre le roi d'Espagne et la reine de la Grande-Bretagne; art. 3 du traité entre le roi d'Espagne et le duc de Savoie ; art. 37 du traité entre le roi d'Espagne et les Provinces-Unies des Pays-Bas.

[2] « ... L'un des principaux fondements des traités de paix à faire..., étant d'assurer pour toujours le bien universel et le repos de l'Europe, et d'établir un équilibre entre les puissances, en sorte qu'il ne puisse pas arriver que, plusieurs étant réunies en une seule, la balance de l'égalité qu'on veut assurer penche à l'avantage de l'une de ces puissances, au risque et dommage des autres..., etc. » (*Renonciation du roi d'Espagne*, du 7 novembre 1712.)

« ... On a posé pour fondement de la paix que l'on traite présentement, et qu'on espère cimenter de plus en plus pour le repos de tant d'États,... qu'il falloit établir une espèce d'égalité et d'équilibre entre les princes qui étoient en dispute,... etc. » — « ... A condition aussi que la maison d'Autriche, ny aucun de ses descendants, ne pourront succéder à la couronne d'Espagne, parce que cette maison, même sans l'union de l'Empire, seroit formidable, si elle ajoutoit une nouvelle puissance à ses anciens domaines ; et par conséquent cet équilibre, qu'on veut établir pour le bien de tous les princes et les Estats de l'Europe, cesseroit. Or, il est certain que, sans cet équilibre, les Estats souffrent du poids de leur propre grandeur, ou que l'envie engage leurs voisins à faire des alliances pour les attaquer et pour les réduire au point que ces grandes puissances inspirent moins de crainte, et ne puissent aspirer à la monarchie universelle..., etc. » (*Renonciation du duc d'Orléans*, du 19 novembre 1712.)

« ... On est convenu, dans les congrès et traités de paix qui se négocient avec la Grande-Bretagne, d'établir un équilibre et des limites politiques entre les royaumes dont les interests ont été et se trouvent encore le triste sujet d'une sanglante dispute, et de tenir pour maxime fondamentale de la conservation de cette paix, que l'on doit pourvoir à ce que les

242. Cependant, la paix d'Utrecht, quant à la forme, et l'établissement de cet équilibre nouveau qu'elle constitue, ne se présentent pas encore, non plus que les arrangements de Westphalie, sous la sanction d'un traité général entre les puissances. La paix d'Utrecht se décompose en deux séries de traités divers : ceux de Louis XIV, avec chacun des Etats coalisés ou intéressés dans la guerre de succession ; et ceux du roi d'Espagne, Philippe V, avec ces mêmes Etats. Le lien commun réside surtout dans les stipulations de l'Angleterre, qui conclut le traité principal de pacification, soit avec Louis XIV, soit avec Philippe V, et qui prend sous sa garantie, dans ce traité principal, les traités particuliers faits avec les autres puissances. Les traités de Louis XIV se signent tous successivement le même jour, 11 avril 1713, à Utrecht : avec la Grande-Bretagne, avec les Etats généraux de Hollande, avec le Portugal, avec la Prusse, avec la Savoie. Les traités du roi d'Espagne n'interviennent que plus tard, et à des époques différentes, avec ces mêmes puissances[1]. Quant au prétendant le plus direct à la succession d'Espagne, l'empereur, il se refuse d'abord à ces arrangements et continue la guerre. Sa paix n'est faite avec Louis XIV, que séparément, par les traités de Rastadt et de Bade, en 1714[2] ; et plusieurs années après avec le roi d'Es-

forces de ces royaumes ne soient point à craindre et ne puissent causer aucune jalousie ; ce que l'on a cru ne pouvoir établir plus solidement qu'en les empeschant de s'étendre et en gardant une certaine proportion, afin que les plus faibles, étant unis, puissent se défendre contre de plus puissants, et se soutenir respectivement contre leurs égaux..., etc. » (*Renonciation du duc de Berry*, du 24 novembre 1712.) — Voir ces diverses renonciations dans DUMONT, à la suite du traité d'Utrecht. — Voir aussi, sur ce sujet, l'ouvrage de M. Ch. GIRAUD, déjà cité.)

[1] Avec la Grande-Bretagne, 13 juillet, et avec la Savoie, 13 août 1713 ; avec les Etats-Généraux de Hollande, 26 juin 1714 ; avec le Portugal, 6 février 1715. Tous ces traités sont signés à Utrecht.

[2] Traité de Rastadt du 6 mars, et traité de Bade du 7 septembre 1714.

pagne[1]. Mais à la suite de certaines difficultés dans des arrangements secondaires et dans des mesures d'exécution entre quelques Etats, un traité qui prend un caractère plus général est formé pour le maintien du système arrêté à Utrecht et pour la pacification de l'Europe, d'abord, en 1717, entre la France, la Grande-Bretagne et les Etats-Généraux de Hollande[2]; puis, en 1718, entre l'empereur, la France, la Grande-Bretagne et les Etats généraux de Hollande[3]: le premier, connu sous le nom de la triple alliance; le second, sous celui de la quadruple alliance; à ce dernier adhèrent successivement le roi de Sardaigne[4], puis le roi d'Espagne[5]. C'est la forme d'une convention générale et mutuelle qui vient après coup, et qui fait des progrès.

L'époque de la paix d'Utrecht est une époque féconde dans l'histoire des conventions internationales. Pendant plusieurs années après les traités principaux, on voit se succéder un très-grand nombre de traités particuliers qui en sont comme une suite, ou qui se rattachent au même système, et qui tous sont imbus d'un esprit d'accommodement et de pacification.

243. Les modifications, dans le personnel des personnes contractantes, entre les traités de Westphalie et les traités d'Utrecht, sont dignes de remarque. La Grande-Bretagne, à la paix d'Utrecht, stipule, en quelque sorte, au nom des autres Etats, et c'est sous sa garantie prépondérante que se place le système d'équilibre européen qui y est arrêté. Louis XIV y

[1] Conditions de la paix, proposées par la France, l'Angleterre et la Hollande, médiatrices entre l'empereur et le roi d'Espagne. Londres, 2 août 1718. — Accession du roi d'Espagne. La Haye, 17 février 1720.

[2] Traité de La Haye, du 4 janvier 1717.

[3] Traité de Londres, du 2 août 1718.

[4] Adhésion de la Sardaigne. Londres, 8 novembre 1718.

[5] Adhésion du roi d'Espagne. La Haye, 2 février 1720.

reconnaît, en termes formels, le droit héréditaire de la dynastie de Nassau; il abandonne définitivement la cause des Stuart, la légitimité du droit divin pour la légitimité de la révolution de 1688. Frédéric de Prusse y figure avec son nouveau titre de roi, que lui a conféré l'empereur Léopold en 1701, et que reconnaît Louis XIV. Le duc de Savoie, Victor-Amédée, y reçoit le royaume de Sicile, que, sept ans après, il fut obligé d'échanger contre le royaume de Sardaigne [1], et y prend dès lors ce titre de roi, qu'Henri IV avait voulu faire donner à son aïeul. Les provinces-unies des Pays-Bas y obtiennent le droit de barrière longtemps poursuivi par elles, c'est-à-dire le droit de mettre garnison dans les places des Pays-Bas espagnols, cédés à l'Autriche, pour servir de barrière entre la France et la Hollande [2]; mais le germe prochain de leur décadence maritime et coloniale, à leur insu, est déposé dans le système qui s'établit. Désormais la question principale de l'équilibre ne se posera plus uniquement dans la rivalité de deux grandes puissances, la maison d'Autriche et la maison de France, luttant à qui aura la prépondérance; une tierce puissance, la Grande-Bretagne, se place dès lors au même niveau, dans cette question; d'autres se préparent, qui surgiront et qui y pèseront d'un poids considérable à leur tour.

244. Les modifications dans l'objet même des stipulations, indépendamment des arrangements territoriaux, méritent également attention. Il n'est plus question, dans les traités d'Utrecht, des intérêts des trois religions admises sur le pied de l'égalité de droit en Allemagne, ni de ceux des Etats de l'Em-

[1] Traité de Londres, du 2 août 1718, pour les conditions de cet échange; et adhésion du roi de Sardaigne, Londres, 8 novembre 1718.

[2] Traités des Barrières, à La Haye, 29 octobre 1709; 13 janvier 1713; et définitivement à Anvers, 15 novembre 1715; convention réglementaire, à La Haye, 22 décembre 1718.

pire germanique dans leurs relations avec l'empereur. Ces deux intérêts majeurs demeurent réglés, en droit, par les conventions de Westphalie. Mais, en fait, un changement considérable s'est opéré à cet égard. La France qui, sous la politique de Henri IV, de Richelieu, de Mazarin, et par les termes mêmes de la paix de Westphalie, était posée et acceptée en Europe comme la protectrice et la garante de ces deux intérêts, a perdu, sous la politique de Louis XIV, cette position; la révocation de l'Édit de Nantes (1685) a achevé de l'en exclure. Ce rôle passe à la Prusse qui, par son élévation, par son activité, devient le centre et l'appui du parti protestant et du parti des Etats de l'Empire : c'est elle qui est destinée à tenir désormais en échec la maison d'Autriche dans les affaires d'Allemagne. Les deux partis, qui se rangeaient jadis sous la protection de la France et se réclamaient de cette protection, vont devenir le parti prussien.

D'un autre côté, les intérêts maritimes et coloniaux, dont il n'avait pas été question dans les traités de Westphalie[1], prennent une grande place dans ceux d'Utrecht. La Grande-Bretagne y obtient des possessions coloniales importantes, et se hâte de conclure, sous l'influence prépondérante qu'elle a prise dans les négociations, des traités de commerce et de navigation avec diverses puissances[2]. L'acte de navigation de Cromwell (1651), les stipulations qu'elle a faites à la paix de Ryswick (1697),

[1] Ces intérêts avaient bien fait l'objet de stipulations, dans le traité particulier du 30 janvier 1648, entre l'Espagne et les Provinces-Unies de Hollande, les deux grandes puissances maritimes de ces temps; mais non dans les deux traités du 6 août et du 24 octobre 1648, qui constituent la paix de Westphalie proprement dite.

[2] Traités de navigation et de commerce de la Grande-Bretagne avec la France, Utrecht, 11 avril 1648; avec l'Espagne, Utrecht, 9 décembre 1713, et Madrid, 1716.

celles qu'elle fait à la paix d'Utrecht, sont des pas décisifs dans la voie qu'elle va s'ouvrir. De ses rivales maritimes, la Suède est à l'écart; l'Espagne et la France sont affaiblies ; la Hollande aide elle-même à cet affaiblissement, dont elle ne profitera pas; on se préoccupe de l'équilibre territorial : on ne voit pas la domination maritime et commerciale qui se prépare.

245. Enfin la dernière application du système de l'équilibre réglé par un accord commun entre les puissances, et en même temps l'application la plus absolue, la plus générale qui en ait été faite jusqu' à ce jour, est celle des traités de 1814 et de 1815.

246. Dans l'intervalle entre la paix d'Utrecht et les grandes guerres de notre révolution, les intérêts et les maximes d'équilibre, au milieu même des modifications apportées par les événements, ne s'étaient mus que dans le cercle du système arrêté à Utrecht.

247. Ainsi, lors de la guerre de la succession d'Autriche (de 1740 à 1748), il s'agissait de savoir si, par suite de la mort de l'empereur Charles VI, sans enfant mâle, la puissance de cette redoutable maison d'Autriche se fondrait, partagée entre des princes divers, et disparaîtrait de l'Allemagne, comme elle avait déjà disparu de l'Espagne ; ou si, conformément à la pragmatique sanction, du 19 avril 1715, garantie par la plupart des Etats de l'Europe et par les parties intéressées[1], l'unité de cette puissance serait conservée dans la personne de la

[1] Pragmatique sanction de l'empereur Charles VI, du 19 avril 1713, pour régler le droit de primogéniture et de succession dans la maison d'Autriche; promulguée, pour les Pays-Bas, le 6 décembre 1724. Renonciations et confirmations des archiduchesses Marie-Josephe et Marie-Amélie, mariées, l'une au prince royal de Pologne, électeur de Saxe, l'autre à l'électeur de Bavière, en date des 19 août et 1er octobre 1719; 8 octobre et 10 décembre 1722.

fille aînée de Charles VI, Marie-Thérèse. La France, quoique ayant garanti la pragmatique sanction[1], avait, sous le ministère du cardinal Fleury, saisi cette occasion qui paraissait favorable d'en finir avec son ancienne rivale, et appuyé de ses armes les prétentions des nombreux aspirants aux dépouilles de la succession impériale[2]; tandis que l'Angleterre et les Etats-Généraux de Hollande avaient pris parti pour Marie-Thérèse, afin de maintenir contre la France et contre l'Espagne le contre-poids de cette puissance. La politique de l'équilibre, qui avait attaqué jadis l'Autriche pour en réduire la trop grande extension, la prenait alors sous sa protection et tendait à en empêcher le morcellement. Cette politique avait triomphé, et le traité d'Aix-la-Chapelle, du 18 octobre 1748[3], assis sur les bases des traités de Westphalie et d'Utrecht, en avait été la consécration. Toutefois, dans les événements de la guerre, la Prusse avait obtenu de l'Autriche la cession de la Silésie[4]; le traité d'Aix-la-Chapelle lui avait garanti cette acquisition[5]. Ainsi se développait la situation en germe dans les traités d'Utrecht: la Prusse était sortie du rang de puissance secondaire.

248. Lors de la guerre de sept ans (1756 à 1763), il s'agissait, entre la Prusse et l'Autriche, toujours de ce territoire disputé de la Silésie, et de la question plus générale de leur ascendant respectif en Allemagne; entre la France et l'Angleterre,

[1] Articles préliminaires de la paix de Vienne, du 3 octobre 1735, art. 6; et lors de cette paix, en 1738.

[2] Les maisons de Bavière, de Saxe, de Savoie, de Brandebourg et l'Espagne.

[3] Entre la Grande-Bretagne, l'impératrice Marie-Thérèse, les Etats-Généraux de Hollande et le roi de Sardaigne, d'une part, et la France, l'Espagne, la république de Gênes, le duc de Modène de l'autre.

[4] Traité préliminaire de Breslau, du 11 juin, et traité définitif de Berlin, du 22 juillet 1742.

[5] Art. 22.

il s'agissait de contestations coloniales concernant leurs territoires dans l'Amérique du Nord ; d'où, à la fois, guerre continentale et guerre maritime. Par un renversement des alliances précédentes, l'Angleterre s'était unie, dans ces querelles, avec la Prusse, tandis que la France l'était avec l'Autriche. Le pacte de famille de 1761 [1] avait jeté l'Espagne à l'appui de la France, dans la dernière année de la guerre, laquelle s'était terminée en 1763, entre les puissances maritimes par la paix de Paris, et entre les puissances continentales par celle de Hubertsbourg [2]. La Silésie était restée à la Prusse, la Grande-Bretagne avait derechef augmenté considérablement ses possessions dans le Nouveau-Monde, au grand préjudice de la France et de l'Espagne. Nouveau développement des conséquences indirectes renfermées dans les traités d'Utrecht : élévation de la Prusse au rang des puissances prépondérantes; confirmation de la suprématie maritime et coloniale de la Grande-Bretagne.

249. D'un autre côté, dans le cours de ce demi-siècle écoulé depuis la paix d'Utrecht, la Russie avait eu son Pierre le Grand (mort en 1725), comme la Prusse son Frédéric ; son territoire s'était agrandi au détriment de la Suède ; des alliances avaient été faites par elle avec les puissances occidentales [3]; ses troupes

[1] Traité d'alliance, dit Pacte de famille, conclu le 15 août 1761, entre la France et l'Espagne, tant pour elles que pour le roi des Deux-Siciles, et l'Infant, duc de Parme.

[2] Traité de paix entre la France, l'Espagne d'une part, et la Grande-Bretagne de l'autre, à Paris, 10 février 1763; — traités de paix entre l'impératrice Marie-Thérèse et le roi de Prusse; et entre le roi de Prusse et le roi de Pologne, Hubertsbourg, en Saxe, 15 février 1763.

[3] Avec la Suède, traités de paix de Neustadt, du 30 août 1721; — avec la Grande-Bretagne, traité de commerce et de navigation, de Pétersbourg, 2 décembre 1734; et traité d'alliance défensive, de Moscou, 11 décembre 1742; — avec la Suède, traité de paix de Abo, en Finlande, 17 août 1743; — avec l'Autriche (entre les deux impératrices Elisabeth et Marie-Thérèse), traité d'alliance défensive, de Pétersbourg, 22 mai 1746.

avaient apparu à l'appui de celles d'Autriche durant la guerre de la succession, et durant celle de sept ans. L'époque prévue par Sully était arrivée où le puissant Knès scythien venait entrer pour sa part, avec un poids considérable, dans la balance des arrangements de puissance et de territoire en Europe. On parlait toujours des traités de Westphalie et d'Utrecht; mais l'équilibre du Nord était renversé, et celui de l'Europe avait à s'établir désormais entre cinq grandes puissances : la France, la Grande-Bretagne, l'Autriche, la Prusse et la Russie, avec l'accessoire des puissances secondaires ; au nombre de ces dernières étaient tombées l'Espagne, la Suède et la Hollande.

250. Tel est le personnel international qu'après toutes les révolutions territoriales produites en Europe par les guerres de la République et de l'Empire, l'historien retrouve dans les arrangements conventionnels de 1814 et de 1815.

251. Ces arrangements résultent de trois séries d'actes principaux :

1° Les traités de Paris du 30 mai 1814, quatre traités identiques, suite de la victoire des puissances coalisées et de la première Restauration, conclus par actes séparés, entre le roi de France, Louis XVIII, et chacune des quatre grandes puissances, l'Autriche, la Russie, la Grande-Bretagne, la Prusse, stipulant pour elles et pour leurs alliés. L'article 32 de ces traités renvoyait les arrangements complémentaires à un Congrès général de toutes les puissances, qui s'ouvrirait à Vienne dans le délai de deux mois.

2° L'acte final du Congrès de Vienne, du 9 juin 1815, dont les dernières résolutions avaient été précipitées par les nouvelles du retour de Napoléon en France, et par les événements des Cent-Jours ; avec tous les traités, conventions, déclarations, règlements et autres actes particuliers, joints comme annexes à cet acte final.

3° Les traités de Paris, du 20 novembre 1815, suite de la nouvelle victoire des puissances coalisées et de la seconde Restauration, quatre traités identiques, plus rigoureux pour nous que les précédents, conclus également entre le roi de France, Louis XVIII, et chacune des grandes puissances coalisées, la Grande-Bretagne, l'Autriche, la Prusse et la Russie, qui stipulaient pour elles et pour leurs alliés.

De tous ces documents, celui qui reste avec un caractère principal et constitutif entre les Etats de l'Europe, est l'acte final du Congrès de Vienne : les traités de Paris de 1814 en avaient arrêté les bases ; ceux de Paris de 1815 en ont modifié les dispositions, quant aux nouvelles réductions faites au territoire de la France ; mais le règlement principal est dans l'acte du Congrès.

252. Cet acte est bien plus général, quant au personnel des parties contractantes, quant à la forme du contrat, quant à l'étendue et quant à la nature des dispositions, que ne l'avaient été les actes qui déjà deux fois avaient constitué les grands arrangements territoriaux de l'Europe, ceux de la paix de Westphalie et ceux de la paix d'Utrecht.

Quant au personnel, à l'exception de l'Empire ottoman, toutes les puissances européennes, même du second ordre, étaient représentées au Congrès de Vienne. Toutefois, les délibérations et les résolutions générales furent confiées à un Comité de huit seulement, savoir : les cinq grandes puissances et trois secondaires, l'Espagne, le Portugal et la Suède.

Quant à la forme du contrat, l'acte final du Congrès est un acte général et commun, signé entre toutes les puissances, par conséquent formant obligation réciproque pour chacune d'elles envers toutes les autres. Le publiciste jurisconsulte sentira profondément la différence qui existe entre un pareil acte et la forme de traités distincts, quoique analogues ou identiques, signés séparément entre diverses puissances, comme il fut fait à la paix de Westphalie et à celle d'Utrecht. Des clauses de garantie, insérées dans des traités distincts, n'équivalent pas[1], en droit, aux effets d'un tel contrat unique et mutuel.

Enfin, quant à l'étendue, et quant à la nature des dispositions, l'acte final embrasse l'Europe entière : le système de Westphalie et celui d'Utrecht étaient détruits, il refait un nouveau système territorial, non-seulement pour quelques Etats, mais pour tous ; c'est le plus grand ensemble de dispositions relatives au règlement des limites et des territoires qui ait jamais eu lieu par traité. Indépendamment des questions territoriales, l'acte final du Congrès de Vienne règle, pour certains pays, des questions d'organisation ou de constitution intérieure, dont l'exemple le plus notable est celui de la *Confédération germanique* ; et, sous le titre de *Dispositions générales*, il fait entrer dans le droit public conventionnel certains principes généraux pour la libre navigation des rivières, pour l'abolition de la traite des nègres, jusqu'à un règlement sur le rang entre les agents diplomatiques, matière de pure étiquette, qui plus d'une fois avait amené dans les affaires de grandes difficultés.

Ces caractères de l'acte final du Congrès de Vienne sont indiqués par le préambule même de l'acte, où les puissances déclarent qu'elles désirent « comprendre dans une transaction « commune, les différents résultats de leurs négociations, afin « de les revêtir de leurs ratifications réciproques », et qu'elles ont « autorisé leurs plénipotentiaires à réunir dans un instru« ment général les dispositions d'un intérêt majeur et perma« nent. »

253. Les maximes de l'équilibre furent invoquées tour à tour par les diverses puissances, souvent en sens contraires, dans cette répartition des territoires. Elles furent invoquées contre la Russie, à l'occasion de la Pologne, surtout par le plé-

nipotentiaire de l'Angleterre, lord Castlereagh ; elles le furent contre la Prusse, à l'occasion de la Saxe, surtout par le plénipotentiaire français, M. de Talleyrand, dans une note restée célèbre[1] ; elles le furent presque unanimement dans la création du royaume des Pays-Bas, auquel les combinaisons savantes de cet équilibre attribuaient une importante destination, comme on peut le voir principalement dans les notes de l'Angleterre ; elles le furent dans l'affaire de l'Italie, et généralement dans toutes les autres affaires de moindre importance : les notes du Congrès en sont pleines, comme elles sont pleines aussi des déclarations que toutes ces combinaisons ne sont cherchées, ne sont demandées ou ne sont faites, que pour assurer le repos de l'Europe et pour établir une paix solide et permanente entre les États. Il sera curieux, pour ceux qui voudront se livrer à ce parallèle, de rapprocher ces paroles et ces données, de celles mises en avant par Henri IV et par Sully, dans leurs projets de confédération perpétuelle de la chrétienneté d'Europe ; et de comparer, à deux siècles de distance, l'arrangement des territoires et des États, coordonné par le ministre de Henri IV, avec celui qui est arrêté en 1815, dans la grande réunion des puissances au Congrès de Vienne.

[1] Note de M. de Talleyrand, du 15 décembre 1814 (KLUEBER, *Acten des Wiener Congress*, Bd VII, s. 48). Il y présente l'équilibre de l'Europe, suivant les besoins de son raisonnement, tantôt comme consistant « dans un rapport entre les forces d'agression et les forces de résistance réciproques des divers corps politiques » ; tantôt comme n'étant autre chose que « les principes conservateurs des droits de chacun et du repos de tous » ; comme devant se combiner, par conséquent, avec la nécessité du maintien ou du rétablissement de toute dynastie *légitime*.

V.

254. Depuis les traités d'Utrecht, ces théories d'équilibre, ces principes d'arrangement systématique des territoires entre les puissances, n'avaient pas été admis sans réserve, comme fondés en droit, par les publicistes jurisconsultes. Bynkershoek, dans ses *Quæstionum juris publici libri duo*, qu'il publiait en 1747, s'élève avec énergie contre le système d'après lequel les princes disposeraient entre eux des royaumes et des richesses des souverains étrangers, en se fondant sur la raison d'État, qu'il définit avec le poëte : « *monstrum horrendum, informe, ingens, cui lumen ademptum.* » Si on lui cède une fois, toute discussion sur le droit public devient inutile [1]. Vattel, qui écrivait onze ans plus tard (en 1758), après avoir suivi le maître commun, Grotius, dans la voie qu'il avait tracée, relativement à cette question : si l'accroissement d'une puissance voisine devenue alarmante peut autoriser justement à faire la guerre à cette puissance, et après avoir résolu la question dans le même sens que ses devanciers, Grotius et Puffendorf [2], arrive à un point déjà plus fortement accentué dans la politique de son temps, qu'il ne l'était avant les traités d'Utrecht et surtout avant ceux de Westphalie : il consacre quelques paragraphes spéciaux à ce qu'il appelle « cette fameuse idée de la balance politique ou de l'équilibre du pouvoir. » « On entend par là, ajoute-t-il, une disposition des choses au moyen de laquelle aucune puissance ne se trouve en état de prédominer absolument et de faire la loi aux autres. » Mais s'il en parle, c'est pour condamner les arrangements qui, comme on en prête la

[1] BYNKERSHOEK, *Quæstionum Juris publici libri duo*, cap. XXV. — X.

[2] Voir ci-dessus, nos 220 et 225, p. 143 et 150.

vue à Henri IV, consisteraient à produire cet équilibre par une distribution de forces à peu près égales ; une pareille distribution ne pourrait se réaliser sans injustice et sans violence ; le moyen le plus simple, le plus aisé et le plus juste, est de recourir à des confédérations pour faire tête au plus puissant et l'empêcher de donner la loi ; de se réunir contre lui, s'il entreprend une guerre injuste ; d'intervenir amicalement pour lui faire donner des satisfactions convenables, si sa querelle est légitime, afin de prévenir ou d'arrêter les conflits qui tourneraient à son accroissement[1]. On peut dire que Vattel, dans ces paragraphes, reste en arrière des événements accomplis à l'époque où il écrivait ; il paraît encore en être à la lutte de la maison d'Autriche et de la maison de France ; à la monarchie universelle redoutée de la part de l'une ou de l'autre. Moser, suivant son habitude, dans son recueil intitulé : *Versuch des neuesten europaeischen Voelkerrechts*, publié en 1777, se borne à exposer des faits[2]. Ainsi, cette pratique d'un arrangement conventionnel des territoires entre les puissances, en vue d'un certain équilibre général à produire, n'a pas pris naissance dans le droit, n'a pas même été approuvée scientifiquement et sans restrictions par les écrivains jurisconsultes qui en ont vu les premières applications. C'est dans la politique active, dans les inspirations de l'intérêt, dans les combinaisons et dans les négociations de la diplomatie, qu'elle prend naissance et qu'elle est érigée en principe. Introduite dans les traités lors de la paix de Westphalie, reprise avec un dessein et des formules plus arrêtés, dans ceux d'Utrecht, elle arrive à son développement le plus étendu et le plus général jusqu'à ce jour, dans l'acte final du Congrès de Vienne.

[1] VATTEL, *Droit des gens*, liv. III, ch. III, §§ 42 à 49.

[2] Buch. I., 4 cap.

255. Si on regarde au résultat le plus apparent, il faut reconnaître que, tandis que les efforts d'une puissance pour s'agrandir outre mesure amènent de longues périodes de guerre et de coalitions, ces grands arrangements, au contraire, terminés par voie de traités communs, entre un certain nombre d'Etats, font succéder à la guerre de longues périodes de paix. Sans parler des temps de Charles-Quint et de Philippe II, l'historien rencontre trente ans de guerres européennes et continues contre la domination d'Autriche ; vingt-sept ans contre Louis XIV ; seize contre la République et l'Empire, sous Napoléon : tandis que les traités de Westphalie sont suivis de dix-neuf ans, ceux d'Utrecht de vingt-sept ans, et ceux de Vienne, jusqu'à ce jour, de trente-cinq ans de paix entre la généralité des puissances.

256. Cependant cet équilibre créé par traité, est sujet à se déranger, à se briser ; souvent les traités eux-mêmes portent en eux le germe de ces altérations, de ces déchirements ; souvent leurs dispositions ont à subir des violations illégitimes, ou des redressements fondés en droit, parce que les contractants y avaient dépassé la sphère de leurs attributions. De rupture en rupture, tout le système s'en va, et des transformations deviennent inévitables.

Les traités de Westphalie n'ont pas empêché la transformation opérée par les traités d'Utrecht ; ceux d'Utrecht portaient en eux le principe qui devait détruire le système qu'ils avaient constitué. On peut dire, avec M. d'Hauterive, que tous les traités postérieurs à ceux de Westphalie et d'Utrecht « semblent n'avoir « été faits que pour en consacrer les principes. Toujours ils ex- « priment de la part des puissances contractantes l'intention « sincère d'en renouveler les clauses ; et cependant ils ne sont « remplis que de règles d'exception de modifications dérogatoi-

« res, ou de violations absolues[1].» La succession espagnole, par l'extinction de la dynastie allemande, a nécessité un nouvel arrangement de puissance; la succession autrichienne, par la mort de Charles VI sans enfant mâle, a amené des tentatives avortées d'un autre changement. L'élévation de la Prusse, l'apparition de la Russie dans l'ensemble et dans les affaires des Etats européens, la prépondérance coloniale et maritime de l'Angleterre, ont renversé tous les rapports de proportion auparavant établis. Les guerres de notre Révolution et celles de l'Empire avaient, pour ainsi dire, balayé le terrain et préparé l'assiette de tout un nouvel édifice. Les efforts extérieurs de Napoléon n'ont été que des efforts constants pour constituer un nouveau système d'Etats, qu'il déclarait plus favorable à l'équilibre et à la prospérité de l'Europe. On en peut voir l'exposition, pour l'époque du Consulat, dans le remarquable mémoire commandé par le premier consul à M. d'Hauterive, que nous avons déjà cité plusieurs fois[2]. Les arrangements de 1815 ont conservé plus d'un vestige du travail accompli par notre révolution et par notre expansion en Europe. Enfin depuis ces arrangements eux-mêmes, la séparation de la Belgique et de la Hollande[3], la réunion de la Pologne à l'empire Russe comme partie intégrante de cet empire[4], la réunion de Cracovie à l'empire d'Autriche[5], sans parler des transformations dont la Con-

[1] *De l'état de la France à la fin de l'an VIII*, p. 5.

[2] Voir aussi : *Plan d'un nouvel équilibre politique*. Londres, 1798, in-8°. — Alph. Gary : *Essai sur le nouvel équilibre de l'Europe*. Paris, 1806, in-8°.

[3] Conférences entre les plénipot. des cinq grandes puissances, ouvertes à Londres le 4 nov. 1830.— Traité du 15 nov. 1831, entre les cinq grandes puissances et la Belgique, accepté le 14 mars 1838 par le roi des Pays-Bas, et suivi de deux nouveaux traités, en date du 19 avril 1839, l'un entre la Belgique et la Hollande, l'autre entre ces deux Etats et les cinq puissances.

[4] Ukase de l'empereur Nicolas du 14/26 février 1832.

[5] Convention entre l'Autriche, la Prusse et la Russie. Vienne, 6 nov. 1846.

fédération germanique est en travail aujourd'hui, ont été des brèches ou des violations faites au système de 1815. C'est au nom de l'équilibre que les puissances avaient réuni la Belgique à la Hollande en 1815, pour en former le royaume des Pays-Bas ; c'est au nom de l'équilibre qu'elles en ont reconnu la séparation en 1830, et qu'elles ont constitué le royaume de Belgique comme Etat neutre[1]. L'équilibre est variable au gré des événements, et il est invoqué de diverses manières au gré des intérêts.

257. Deux exemples mémorables, celui des partages éventuels de la succession d'Espagne entre Louis XIV et ses compétiteurs à cette succession, celui des partages de la Pologne entre l'Autriche, la Prusse et la Russie, sont de nature à montrer jusqu'où peuvent aller ces déviations.

258. Au commencement des affaires de la succession d'Espagne, les principes de l'équilibre, beaucoup moins nettement formulés et beaucoup moins généralisés qu'ils ne le furent plus tard, se résumaient encore, en grande partie, dans la rivalité de la maison de France avec la maison d'Autriche, et, chez les autres Etats, dans la crainte de la domination de l'une ou de l'autre de ces maisons. Charles II d'Espagne avait à peine six ans (né en 1661, mort en 1701), qu'en présence de ce roi enfant et chétif, en présence des éventualités sans nombre qui pouvaient ouvrir sa succession sans postérité, les chefs des deux maisons rivales, tous deux prétendants futurs à cette hérédité non encore ouverte, l'empereur Léopold Ier et le roi Louis XIV s'entendent et, par un traité secret, du 19 janvier 1668, dont les curieuses négociations n'ont été révélées que de nos jours, se partagent, trente-trois ans à l'avance, les Etats de la monarchie espagnole, « pour ôter entièrement, dit le texte

[1] Voir le protocole de la conférence de Londres, du 20 décembre 1830.

du traité, toute racine et semence de discorde, et pour procurer le bien de la chrétienté. [1] »

Trente ans plus tard, lorsque cette succession est toujours en expectative, mais que le cours des événements a changé le personnel des compétiteurs et transporté sur la tête des enfants de Léopold et de Louis XIV les prétentions de ces deux princes, lorsque d'ailleurs il faut compter davantage avec les autres puissances, Louis XIV change la direction de ses négociations; et alors interviennent successivement deux autres traités de partage, l'un signé à La Haye, le 11 octobre 1698, l'autre signé à Londres, le 25 mars 1700, entre lui, la Grande-Bretagne et la Hollande, par lesquels on voit les Etats d'un roi vivant encore, distribués par des puissances étrangères, sans l'assentiment de ceux à qui on va faire leur lot, ni de celui dont on divise la monarchie, ni du gouvernement, ni des peuples qui y sont intéressés [2]; tandis que d'un autre côté, le roi, par trois testaments successifs, afin d'empêcher le démembrement de ses Etats, institue pour unique héritier, d'abord et à deux reprises, son petit-neveu par la maison d'Autriche; finalement, après la mort de celui-ci, son petit-neveu par la maison de

[1] Voir l'historique de ces négociations dans les *Négociations relatives à la succession d'Espagne*, de M. MIGNET, t. II, p. 323 et suiv., et le texte du traité à la p. 442.

[2] Les parts étaient ainsi faites :

Premier partage, du 19 janvier 1668 : — à l'empereur Léopold Ier, l'Espagne, les Indes occidentales, le duché de Milan, Final, les ports espagnols de la mer de Toscane, l'île de Sardaigne, les Canaries et les îles Baléares ;— à Louis XIV, les Pays-Bas, y compris la Franche-Comté, les îles Philippines orientales, la Navarre, Roses, les royaumes de Naples et de Sicile.

Deuxième partage, du 11 oct. 1698 : — au prince électeur de Bavière, petit-fils de l'empereur Léopold Ier, petit-neveu, par la maison d'Autriche, du roi Charles II, l'Espagne, les Indes, les Pays-Bas, la Sardaigne ;— au dauphin de France, fils de Louis XIV, neveu, par la maison de France, du roi Charles II, les royaumes de Naples et de Sicile, les ports espagnols de la mer de Toscane, Final et Guipuscoa ; — à l'archiduc Charles, fils de l'empereur Léo-

France, le duc d'Anjou, petit-fils de Louis XIV[1]. On sait comment Louis XIV, pour ce dernier testament, abandonna le traité de partage, et quelle fut la guerre qui s'ensuivit.

259. Dans les partages de la Pologne, il n'y avait même pas, comme dans ceux de la monarchie espagnole, le prétexte de prétentions à une succession éventuelle. Trois puissances rivales pressent, de divers points, un peuple voisin, sur lequel chacune d'elles convoite quelques provinces; et pour que l'une de ces puissances ne s'agrandisse pas sans l'agrandissement des autres, pour que l'équilibre existant entre elles soit maintenu, elles s'entendent, se distribuent les villes et les territoires, réunissent leurs forces, et s'emparent à main armée des lots qu'elle se sont faits. Les partages de la monarchie espagnole étaient restés en projet, ceux de la Pologne sont exécutés militairement. En trois partages successifs, de 1772, de 1793, de 1795, le royaume de Pologne avait cessé d'être [2].

pold Ier, cousin au cinquième degré, par la maison d'Autriche, du roi Charles II, le Milanais.

Troisième partage, du 25 mars 1700, occasionné par la mort du prince électeur de Bavière, survenue le 8 février 1699 : — à l'archiduc Charles, l'Espagne, les Indes, les Pays-Bas, la Sardaigne;—au dauphin de France, le même lot que ci-dessus, plus, la Lorraine et le Bar, en échange du Milanais donné au duc de Lorraine.

[1] Le premier testament, fait au profit du prince électeur de Bavière, fut révoqué par Charles II, sous l'influence de l'empereur Léopold, qui voulait la succession pour son fils, l'archiduc Charles.—Le deuxième testament rétablit l'institution du même prince électeur de Bavière.—Le troisième testament, celui qui reçut son exécution, fut motivé par la mort de ce prince. Il est daté du 2 octobre 1700, et ne précéda que de vingt-huit jours la mort du testateur. — On trouvera, dans DUMONT, le texte de ce testament, et celui des deux traités de partage de 1698 et de 1700.

[2] Convention triple, entre la Russie, l'Autriche et la Prusse, Saint-Pétersbourg, 5 août 1772, suivie de prise de possession, et de traités de cession consentis par le roi et la république de Pologne, le 18 septembre 1773.—Nouveau partage entre la Russie et la Prusse; nouvelle invasion; déclaration de ces

Ces actes, que l'on voudrait en vain réhabiliter ou atténuer de nos jours, sont depuis longtemps et unanimement jugés. Ils le sont par des hommes dont on ne récusera pas l'expérience, la réserve et le sang-froid diplomatiques. M. d'Hauterive, dans son Mémoire sur *l'Etat de la France à la fin de l'an VIII*, dit que ces actes « ont éveillé la cupidité au sein de toutes les grandes puissances; ont sonné l'alarme parmi les puissances du second ordre, et annoncé aux petits Etats qu'il n'existait pour eux aucune sauvegarde... De là tous les liens de patronage, de fédération, de confiance ont été successivement relâchés et rompus[1]. » M. de Talleyrand, en 1815, dans ses notes au congrès de Vienne, où siégeaient les puissances mêmes qui les avaient exécutés, les présente comme ayant été « le prélude, en partie la cause, et peut-être jusqu'à un certain point l'excuse des bouleversements auxquels l'Europe a été en proie[2]. » M. Weathon y voit « la violation la plus flagrante de toute justice naturelle et du droit international, qui ait eu lieu depuis que l'Europe est sortie de la barbarie[3]. » Enfin les partisans du système de l'équilibre ont surtout déploré ces actes, comme étant des écarts de ce système, qui le dénaturaient et le pervertissaient en paraissant l'appliquer. « Ce qui rendait le partage de la Pologne plus fatal aux intérêts de l'Europe que tant d'autres actes de violence plus coupables, dit l'un de ces partisans, c'est que cette violence venait d'un côté d'où les nations avaient été habituées à attendre protection. Des ligues s'étaient jusqu'à

deux puissances, du 29 mars-19 avril 1793, et nouveaux traités de cession consentis par la Pologne, à la Russie, le 17 juillet, et à la Prusse, le 25 sept. 1793.—Troisième et dernier partage, consommé par triple convention entre les trois cours; Saint-Pétersbourg, 13/24 octobre 1795. Abdication de Stanislas Auguste, roi de Pologne; Grodno, 14/25 novembre 1795.

[1] Voir cet ouvrage, p. 12.

[2] Note de 15 décembre 1814.

[3] WEATHON, *Histoire des progrès du droit des gens*, t. I, p. 332.

présent formées pour s'opposer à la puissance et à l'ambition d'un oppresseur commun; mais maintenant le monde voyait avec consternation que de pareilles ligues pouvaient se former pour accomplir ces mêmes actes de spoliation que jusqu'alors on avait repoussés par un semblable moyen. L'effet produit par ceci était d'autant plus pénible, que les inventeurs de ce funeste projet invoquaient sans cesse les principes du système de l'équilibre, et les suivaient même, autant que les circonstances le comportaient, lorsqu'ils se partagèrent leur butin; et tandis qu'ils faisaient les plus mortelles blessures à l'esprit et à l'existence même de ce principe, ils en empruntaient les formes et jusqu'au langage technique. *Corruptio optimi pessima !*[1] »

260. Ce sont les traités dont nous venons de tracer l'historique, les grands traités de Westphalie, d'Utrecht et du congrès de Vienne, avec les traités intermédiaires moins importants, contenant exécution, modification ou dérogation aux premiers, qui constituent l'état territorial actuel de l'Europe. Les principaux titres de propriété ou de possession des diverses puissances sont là : voilà pourquoi nous avons cru, pour l'objet même de cette dissertation, devoir nous y arrêter quelque temps. On voit, par ce qui précède, qu'en fait, depuis la paix de Westphalie, la politique a placé de plus en plus sous l'invocation des principes de l'équilibre, soit général, soit partiel, ses négociations relatives à des contestations, à des pertes ou à des acquisitions de territoire; que, par application ou par corruption, elle a toujours voulu paraître en déduire ses traités; enfin, qu'il est aujourd'hui peu de questions de cette nature, ayant quelque importance entre les Etats, qui ne soit discutée et qu'on ne prétende résoudre au nom de ces principes.

[1] GENZ, *Fragmente aus der neuesten Geschichte des politischen Gleichgewichts in Europa.* Pétersbourg, 1806, in-8°. *Schriften*, t. IV, § 54 à 59.

VI.

261. Mais, en droit, que décider de cette théorie? La politique prend son mobile dans l'intérêt : que deviennent les principes de l'équilibre si on les dégage de cette sphère souvent trompeuse, pour ne les juger que suivant la règle morale des actions internationales, la règle des droits et des devoirs réciproques entre les Etats?

262. Malgré les hésitations et les divergences à ce sujet, nous avons vu comment, jusqu'aux traités de 1815, les publicistes qui peuvent avoir autorité de jurisconsultes ont paru généralement peu disposés à ériger en droit la théorie de l'équilibre.

Grotius, avant la paix de Westphalie; Puffendorf, avant celle d'Utrecht, n'ont traité la question que par un point, telle qu'elle se présentait à son origine (ci-dessus, n°s 220 et 225).

Après les arrangements d'Utrecht, la théorie politique se trouvant développée, le problème de droit se complique. Néanmoins, tandis que Lehmann, en 1716, et Kahle, en 1744, préconisaient dans deux écrits spéciaux le système de la balance politique en Europe [1], les jurisconsultes Bynkershoek, en 1747, Glafey, dans un traité de droit des gens, en 1752 [2], Vattel, après lui, en 1758, condamnent, en droit, ce système, ou n'en admettent qu'avec réserve, et pour certains cas donnés seulement, quelques conséquences, suivant les errements marqués déjà par les premiers maîtres (ci-dessus, n° 254). A la même époque de 1758, Justi, que l'on peut revendiquer au

[1] Jo. Jac. LEHMANN : *Trutina, vulgo bilanx Europæ*; Iena, 1716, in-8°. L. M. KAHLE : *De trutina Europæ, quæ vulgo appellatur* die Balance, *præcipua belli et pacis norma.* Gottingæ, 1744.

[2] Adm. Friedr. GLAFEY : *Voelkerrecht*; Nürnberg, 1752, in-8°, s. 66.

nombre des jurisconsultes, publiait une dissertation sur la chimère de l'équilibre européen[1]. Guenther, qui écrivait plus tard, en 1793, un *Traité général sur le droit des gens*, y semble plus favorable, au point de vue, surtout, du droit résultant des conventions[2].

Après les traités de 1814 et de 1815, le système de l'équilibre ayant atteint, comme théorie politique, la plus grande extension qu'il eût jamais eue, et se trouvant, comme droit conventionnel, plus généralement et plus formellement arrêté dans l'acte final du Congrès de Vienne, qu'il ne l'avait été dans les actes d'Utrecht et de Westphalie, aucun publiciste de quelque valeur n'a pu écrire, depuis cette époque, sur l'ensemble du droit international, sans consacrer à ce système une attention spéciale. La tendance la plus commune a été de traiter les questions en droit positif, et, à cet égard, il faut bien reconnaître certains effets obligatoires que peuvent produire, entre les parties contractantes, les clauses régulières d'un traité. Mais au point de vue de la science pure, en dehors de ces effets spéciaux résultant de clauses conventionnelles, la plupart des écrivains modernes ont maintenu les traditions précédentes, et refusé de voir dans les principes politiques de l'équilibre, le caractère d'un droit rationnel et général. Toutefois, à considérer l'ensemble de leurs écrits, il est vrai de dire qu'on n'y trouve, sur ce sujet, ni unité ni toujours fermeté de doctrine ou clarté d'exposition ; que le mot lui-même d'équilibre y est loin d'avoir la même signification pour les uns et pour les autres ; et qu'en somme, on rapporte de cette lecture beaucoup de confusion ou d'hésitation[3].

[1] Joh. Heinr. Glo. v. JUSTI : *Chimaire des Gleichgewichts von Europa*. Altonæ, 1758, in-4°.

[2] Karl. Gli. GUENTHER : *Europ. Voelkerrecht*. Altenburg, 1793, 2 vol. in-8°, t. I, p. 321 à 389.

[3] MARTENS pose en principe, le droit pour chaque Etat de s'agrandir par

263. Si nous prenons l'idée d'équilibre politique dans son ensemble, telle qu'elle s'est formée par suite du développement successif des faits dont nous venons de tracer l'historique, telle qu'on l'entend le plus communément aujourd'hui, et si, sans l'analyser encore dans ses détails, nous cherchons seulement à en donner une notion générale, nous pourrons dire : que l'équilibre politique consiste à organiser, entre les nations faisant partie d'un même système, une telle distribution et une telle opposition de forces, qu'aucun Etat ne s'y trouve en mesure, seul ou réuni à d'autres, d'y imposer sa volonté, ni d'y opprimer l'indépendance d'aucun autre Etat.

264. Un équilibre, dans un groupe de forces diverses, s'ob-

des moyens licites.—Néanmoins, il admet comme un droit naturel la faculté, pour les autres Etats, de veiller au maintien d'un équilibre entre eux, et de s'opposer, même par les armes, soit à des agrandissements, soit à des affaiblissements de puissance incompatibles avec cet équilibre.—Quant au droit conventionnel résultant des traités, il ne le met pas même en doute, et la question de la loi naturelle lui paraît avoir perdu beaucoup de son intérêt depuis les traités de 1815, qui ont établi un nouvel état de possession avec le concours de la plupart des puissances de l'Europe : chacune de ces puissances ayant acquis, suivant lui, en vertu de ces traités, le droit de s'opposer aux changements qu'on voudrait introduire dans cet état. (*Précis du droit des gens moderne*, liv. IV, ch. I, §§ 120 à 124. Première édition, 1788 ; deuxième, allemande, 1796 ; troisième, 1801 ; quatrième, 1820 ; cinquième, 1831, annotée par M. Pinheiro Ferreira).

PINHEIRO FERREIRA, en annotant ce passage, attribue les divergences d'opinions sur la question de l'équilibre, à ce que chaque écrivain avait en vue un moyen d'agrandissement différent. Personne, en effet, ne conteste à une nation le droit d'augmenter sa puissance par ses progrès dans les arts et le commerce. Rien n'est plus juste, au contraire, que la résistance par la voie des armes à l'accroissement résultant des conquêtes. Quant aux réunions amenées par la voie des successions, on ne serait pas en droit de s'y opposer, si la réunion avait lieu en vertu d'un commun accord des deux nations ; mais lorsque, sous prétexte de la loi constitutionnelle du pays où la couronne est vacante, on opère une fusion pour laquelle la volonté ni de l'une ni de l'autre des deux nations n'a été consultée, ce mode d'incorpo-

tient par la combinaison de ces deux données : l'intensité et la direction. Entre nations, l'intensité se compose de tous les éléments quelconques, matériels ou immatériels, qui sont de nature à constituer la puissance, le moyen efficace d'action; quant à la direction, elle se détermine par l'intérêt. C'est donc en combinant ces deux données : la distribution des divers éléments de puissance, et les rapprochements ou les oppositions d'intérêts, qu'on peut parvenir à créer, dans un certain groupe de nations, à un certain moment donné, quelque chose qui ressemble à un état d'équilibre. Seulement il faut observer

ration, quoique moins barbare dans la forme que la conquête, n'est pas moins injuste, et tous les autres États peuvent s'y opposer par la voie des armes. M. Pinheiro Ferreira ne voit donc pas, dans ces différents faits, une question d'équilibre ; il n'y voit qu'une question de justice ou d'injustice des moyens d'agrandissement, une question d'indépendance et de souveraineté de chaque État. (Note 64 sur le *Précis du droit des gens* de MARTENS, édition de 1831.)

SCHMALTZ, en se déclarant partisan du système de l'équilibre, ne se fonde que sur des considérations ou des déclamations politiques, et nullement sur des raisonnements de droit. « On n'a pas voulu, dit-il, par ce système produire en Europe une inertie absolue, ni empêcher les petits États de s'élever au rang de puissances de moyen ordre, ou les puissances de moyen ordre de se placer au premier rang par des voies légitimes, fût-ce même par la guerre ou la conquête. Le véritable but est d'empêcher toute suprématie qui pourrait contraindre les autres souverains à agir contre leur volonté, et en sens inverse de l'intérêt manifeste de leurs peuples. » (*Droit des gens européen*, liv. V, ch. IV, édit. allemande, 1817 ; trad. française, 1823.) Ce n'est pas même apercevoir la question de droit.

KLUEBER considère le système d'équilibre comme n'étant point fondé dans le droit des gens, à moins qu'il ne soit établi par des conventions publiques. C'est une pure idée des politiques ou diplomates, très-vague, simplement assise sur un sentiment de convenance, à laquelle manque par conséquent le caractère essentiel d'une source de droit. Il serait à désirer que ce mot équivoque d'équilibre politique fût banni du langage tant de la politique que du droit des gens. (*Droit des gens moderne de l'Europe*, § 6 et 42. Stuttgardt, 1819.)

WHEATON ne voit de limite au droit qu'a chaque État de s'agrandir par

que les éléments de puissance, dans leur infinie variété, ne peuvent pas se mesurer exactement, encore moins les intérêts; que les uns et les autres sont extrêmement mobiles, susceptibles de se modifier de jour en jour; que tout ce qui viendra augmenter ou diminuer les uns, changer, unir ou diviser les autres, pourra plus ou moins altérer l'équilibre, à moins qu'il n'y soit pourvu par quelque combinaison nouvelle propre à remédier au dérangement éprouvé par le système. D'où il suit que cet équilibre politique n'a rien en soi de mathématiquement précis, comme celui dont s'occupe la statique, ni rien de stable; et que

tous les moyens innocents et légitimes que dans le droit correspondant et égal des autres États, lequel dérive du droit de conservation. Lorsque l'agrandissement doit porter directement atteinte au droit des autres États, la limite est certaine et précise; mais quand il ne s'agit que de craintes sur des dangers éventuels, alors s'élèvent des questions de la plus grande difficulté : ce sont précisément celles de l'équilibre et de l'intervention. M. Weathon considère ces questions comme appartenant plutôt à la science politique qu'à celle du droit public; il les traite simultanément toutes les deux, l'une dans l'autre, mais avec hésitation et sans se prononcer nettement en droit. L'intérêt que pourrait signaler la science politique étant admis, y a-t-il, oui ou non, pour les États droit d'agir conformément à cet intérêt? Voilà ce qu'il fallait décider, et c'était bien là une question de droit public, que M. Weathon semble avoir voulu éviter de résoudre. Il paraît néanmoins enclin à penser que des craintes sérieuses et graves peuvent, dans des cas rares, donner naissance au droit, tout en repoussant, pour l'Amérique, les théories des puissances européennes à cet égard. (*Éléments du droit international*, part. II, ch. I, § 3, t. I, p. 77 et suiv. — Première édition en anglais, Londres, 1836; deuxième en français, Paris, 1848.)

Suivant M. HEFFTER, l'équilibre politique consiste en ce qu'une seule nation ne peut s'écarter des-principes de justice du droit international sans s'exposer à l'opposition, non-seulement de l'État menacé, mais encore de tous les États qui font partie du même système politique. Il en résulte une sorte d'équilibre moral, d'où naît une grande sécurité pour l'observation des règles de justice entre les peuples; mais un équilibre matériel des forces relatives des différents peuples entre eux ne saurait exister. (*Das europaeische Voelkerrecht der Gegenwart*, *Einleitung*, § 3.)

l'idée n'en doit être acceptée que dans une certaine généralité, avec une latitude suffisante d'appréciation.

265. Si on supposait les Etats organisés entre eux de telle sorte que leurs contestations pussent être terminées par des moyens plus conformes à la raison que la guerre ou des transactions influencées par la crainte d'une lutte contre la puissance menaçante, il y aurait beaucoup moins d'intérêt à chercher à équilibrer les forces respectives des Etats, puisque ce ne serait plus à la force, mais à une délibération raisonnée qu'on s'adresserait en cas de conflit. Il suffirait de constituer la force collective au service de tous, comme moyen de contrainte; et quant à l'équilibre, il consisterait plutôt, dans cette hypothèse quelque peu utopique, à contrebalancer l'influence délibérative des nations entre elles. C'est-à-dire, en supposant un congrès international ou telle autre institution analogue, que les nations seraient naturellement portées à chercher à s'y assurer une distribution des voix telle qu'aucune autre puissance ne pût y avoir une prépondérance absolue.

Mais, en fait, cette hypothèse n'est qu'idéale. Les nations vident leurs contestations par la force des armes, ou par des traités dans lesquels les prétentions sont souvent satisfaites ou repoussées, non-seulement en raison de la justice ou de l'injustice qu'elles présentent, mais aussi en raison de la supériorité ou de l'infériorité des forces qui pourraient les appuyer au besoin. Il est donc de la plus grande utilité qu'une certaine pondération de ces forces soit obtenue entre les Etats appelés, par leur voisinage, par la nature et par la fréquence de leurs relations, à former un même groupe, afin que l'indépendance d'aucun de ces Etats ne puisse y être opprimée par la supériorité de puissance d'aucun autre.

266. La science politique signale avec insistance cette utilité; elle recherche les combinaisons au moyen desquelles on

peut espérer de produire cette pondération; elle surveille les causes, les événements de nature à l'altérer, les atteintes qui y seraient portées, et enseigne, au besoin, les divers expédients à prendre pour obvier aux résultats de ces altérations ou de ces atteintes.

Parmi ces combinaisons et ces expédients de diverse nature, destinés à produire, à protéger ou à rétablir l'équilibre, il en est un très-grand nombre qui rentrent incontestablement dans les actes dépendant uniquement de la volonté de chaque puissance, et qu'il est loisible aux Etats de faire ou de ne pas faire, suivant leur convenance. Le savoir, l'habileté politiques consistent à les choisir et à les employer à propos, avec la prudence ou l'activité, la temporisation ou la promptitude nécessaires suivant les cas. Mais il en est d'autres dans lesquels l'action d'un Etat peut paraître en opposition avec le droit d'un autre; où, dès lors, c'est une question de droit international qui s'élève, et où c'est à la science juridique qu'il appartient de donner la solution; car, tout en accomplissant son importante et délicate mission, dans la sphère si large de ce qu'il peut être utile ou nuisible de faire ou de ne pas faire, dans les moyens, dans les difficultés et dans les opportunités de l'exécution, la politique doit toujours s'arrêter devant ce qui serait illicite.

Laissant de côté les actes qui ne relèvent pas de la science du droit, encore n'aurons-nous à examiner, parmi les autres, que ceux qui se rattachent au sujet de notre dissertation, c'est-à-dire qui soulèvent des questions de droit sur l'acquisition territoriale. Ce sont, d'ailleurs, les questions vitales de l'équilibre, par les deux motifs déjà signalés, que le territoire est au nombre des éléments les plus considérables de la puissance des États, et que les conflits dont il est l'objet ont nécessairement le caractère de conflits extérieurs (ci-dessus, n° 211).

267. En suivant les phases mêmes par lesquelles a passé la

théorie de l'équilibre, on voit que ces questions doivent se référer aux trois ordres de faits que voici :

1° Une puissance qui s'accroît et menace de devenir plus forte que toutes les autres réunies ;

2° Un certain nombre de grandes puissances, se tenant mutuellement en échec, au milieu ou avec l'appoint des puissances inférieures, et intéressées à ce qu'aucune d'elles n'acquière une prépondérance déterminée sur les autres ;

3° Un accord, un arrangement conventionnel entre les puissances, destiné à opérer, par traité général et sous la garantie commune, une telle distribution des territoires et des éléments principaux d'influence extérieure, que cette prépondérance, de la part de l'une ou de l'autre, soit empêchée et prévenue.

D'où ces trois questions de droit international :

1° Dans le premier cas, les États qui craignent l'accroissement d'une puissance prédominante ont-ils le droit, isolément ou ligués ensemble, de s'opposer, même par la force, à cet accroissement par lequel cette puissance pourrait devenir plus forte à elle seule que toutes les autres réunies ?

2° Dans le second cas, chacune des grandes puissances rivales, au milieu ou avec l'appoint des puissances inférieures, a-t-elle le droit d'exiger qu'une certaine proportion, de nature à empêcher la prépondérance de l'une ou de l'autre des puissances sur les autres, soit maintenue, et de s'opposer, même par la force, aux modifications qui détruiraient cette proportion ?

3° Enfin, dans le troisième cas, quelle est la valeur, en droit, de l'arrangement conventionnel opéré entre les puissances ; cet arrangement donne-t-il le droit, à chacune des parties contractantes, de s'opposer, même par la force, à tous changements ultérieurs dans la distribution arrêtée ?

Tout le problème de l'équilibre territorial, en ce qui concerne le droit, est dans ces trois questions. Et chacune d'elles doit être résolue : en premier lieu, d'après les données de la science pure, c'est-à-dire suivant les vérités de raison qui devraient présider aux relations d'État à État ; et, en second lieu, d'après les données du droit positif, c'est-à-dire suivant les règles formellement établies et les pratiques observées en fait entre les nations. Avant d'examiner nos trois questions séparément, dans ce que chacune d'elles offre de distinct, quelques observations générales, qui s'appliqueront à l'une et à l'autre et qui domineront dans la solution, doivent être émises par nous.

268. Si on suppose que ce soit par le développement de ses facultés et de ses ressources intérieures, parce qu'il croît en lumières, en science, en industrie, en population, qu'un État devienne plus puissant et semble devoir finir par l'être plus que ses voisins ou même que tous les autres réunis : nul n'osera dire que les autres États, quels qu'ils soient, isolés ou ligués ensemble, aient le droit de venir poser une limite à cet accroissement intérieur et s'opposer, même par la force, sous prétexte d'un équilibre quelconque, à ce que cette limite soit dépassée. C'est à chaque peuple à suivre l'impulsion, à profiter de l'exemple donné, à s'efforcer de réaliser de semblables progrès. Le désir de l'équilibre peut être ici une cause d'émulation, il ne saurait être une cause légitime d'empêchement.

269. Les choses changeront-elles parce qu'il s'agira, non pas d'un développement de puissance intérieure, mais d'un accroissement extérieur, opéré par une extension de territoire, par l'adjonction d'un pays et de ses habitants, par la réunion, par l'affiliation fédérative d'un État à un autre? C'est ce qu'il faut examiner.

270. Si on se place dans les pures données de la science, dans un monde idéal, conforme de tous points à ces données : si on suppose que cette extension de territoire, cette adjonction d'un pays et de ses habitants, cette réunion, cette affiliation

fédérative d'un État à un autre, aient eu lieu par des moyens entièrement légitimes ; par exemple, l'acquisition nouvelle se sera faite par l'appropriation d'un territoire n'appartenant encore à personne, exactement dans les conditions et dans les limites que nous avons marquées pour la légitimité d'une telle appropriation (n°s 53 et suiv.) ; ou bien elle se sera faite par une cession libre et régulière de la part d'une nation à une autre nation ; le droit des populations, la souveraineté de chaque peuple auront été respectés ; les actes d'adjonction, de réunion ou d'affiliation fédérative, n'auront été que le résultat de cette souveraineté, les conséquences mêmes de la volonté collective de l'un et de l'autre peuple (n°s 110 et suiv.) : de quel droit les autres États, quels qu'ils soient, viendraient-ils y mettre obstacle? Il est possible que leur intérêt, que leur esprit de rivalité ou de jalousie en soient froissés ; mais pas plus ici que dans le cas précédent, ils ne peuvent tirer de ces froissements seuls, un droit d'opposition. De même que le développement des facultés et des ressources intérieures d'un peuple est une amélioration, un progrès dans l'humanité, et que vouloir y mettre obstacle serait une atteinte aux lois mêmes de notre nature : de même en est-il de ces extensions, de ces adjonctions, de ces réunions légitimes, opérées par la volonté pacifique et souveraine des nations. L'amélioration n'est pas dans le morcellement, dans la division, dans la rivalité : elle est dans le rapprochement, dans la cohésion, dans la fusion des intérêts, des sentiments et des forces collectives.

C'est aux peuples qui craignent que ces progrès légitimes extérieurs, accomplis par d'autres puissances, ne les placent dans un état d'infériorité comparative de force, à puiser dans leur désir d'équilibre une impulsion vers de semblables progrès extérieurs, vers des réunions, vers des affiliations fédératives, de nature à les fortifier, à leur tour, légitimement. Le désir d'équilibre peut encore être ici une cause d'émulation, mais ne saurait dégénérer en droit d'empêchement.

271. Si, au contraire, on suppose qu'il s'agisse d'un développement ou d'un accroissement extérieur opéré par des moyens injustes, en contradiction à la fois avec la science du droit des gens rationnel et avec les prescriptions ou les usages du droit des gens positif, nul doute que tous les Etats n'aient le droit de s'opposer, même par la force, à de tels agrandissements, du moment qu'ils jugent convenable ou utile pour eux de le faire, parce qu'ils ont le droit incontestable de prendre parti contre une violation du droit des gens. La considération de l'équilibre peut leur fournir un motif déterminant d'opposition, en même temps que la raison du droit justifie cette opposition; l'une constitue l'intérêt, l'autre la légitimité. Toutes deux, au lieu d'être en antagonisme, concourent ici au même but, la répression des injustices internationales.

272. Mais, en fait, les choses ne se présentent d'une manière aussi tranchée, ni dans un sens ni dans l'autre.

En premier lieu, la théorie scientifique peut bien donner en perspective un ordre idéal qu'elle assigne pour type aux institutions; mais c'est dans un milieu réel, entre les Etats tels qu'ils existent et sont constitués, que s'établissent les relations internationales. Précisément parce que les Etats sont indépendants les uns des autres, nul ne peut prétendre les modeler sur un seul patron. A moins de se séquestrer des autres peuples, il faut bien, dans les rapports qu'on a avec eux et dans les négociations que nécessitent ces rapports, les prendre tels qu'ils sont, avec leurs modes divers de gouvernement. Cette tolérance, cette acceptation, en fait, des gouvernements établis, sous la réserve des principes que l'on professe et que l'on suit pour son propre compte, sont un des caractères propres et une des nécessités impérieuses de la diplomatie.

273. En second lieu, entre les Etats ainsi diversement constitués, comment s'opèrent en réalité les agrandissements de territoire? Par des cessions, par des réunions quelquefois; mais le plus souvent, surtout ceux qui alarment et qui donnent naissance à des ligues pour la défense de l'équilibre, par des successions, par des testaments, par des mariages, par les suites de la guerre et de la conquête.

S'agit-il de cessions, de réunions, d'affiliations fédératives? Comment ont-elles été faites? Comment obtenues? Le vœu des populations a-t-il été consulté, leur droit respecté? La cession n'est-elle pas le fait d'un accommodement de gouvernement personnel à gouvernement personnel, sans souci des intérêts ni de la volonté des peuples?

S'agit-il de successions, de testaments, de mariages? Ce sont tous événements venus de la personne du prince, dans lesquels les peuples sont assimilés à une hérédité, à des biens dont on dispose par legs ou que l'on constitue en dot.

La science rationnelle, dans l'un et l'autre de ces cas, ne reconnaît pas un droit véritable (nº 125 à 136); mais, dans les affaires, suivant les temps et suivant les lieux, ces modes d'acquisition sont suivis et pratiqués. On ne peut pas dire qu'ils soient justes suivant le droit rationnel, on ne peut pas dire qu'ils soient injustes suivant le droit positif; mais ce dernier droit, en les admettant, y appose une limite : celle de l'équilibre politique. Sous l'apparence d'un droit positif, il pourra se faire qu'on tombe uniquement dans les combinaisons de l'intérêt, dans la rivalité de maison à maison, de prince à prince; de même que l'intérêt seul aura présidé à l'agrandissement, de même l'intérêt viendra présider à l'opposition qu'y feront les autres Etats, dans la crainte que la proportion des forces internationales n'en soit troublée, et qu'ils ne deviennent victimes plus tard, par des procédés analogues, de cette disproportion.

C'est un tempérament défectueux, si l'on veut, mais enfin c'est un tempérament salutaire aux vices inhérents à ces modes d'acquisition ou de développement extérieurs. Tout défectueux que soient ces modes, le droit positif les tient pour légitimes entre les nations, mais seulement dans une certaine mesure. Il vaut mieux que cette mesure y soit, que s'il n'y en avait aucune.

De même, s'il s'agit de guerre et de conquête, le motif de la guerre peut être légitime ou illégitime, et chaque Etat a le droit, s'il ne veut pas rester dans la neutralité, de prendre parti pour la puissance belligérante dont il juge la cause juste (nº 158). Même après la victoire, la conquête à elle seule n'opère pas acquisition (nº 159 et suiv.) : la propriété territoriale n'est dévolue au vainqueur que par le traité de cession qui forme les conditions de la paix ; la victoire n'autorise pas celui-ci à abuser de la situation du vaincu et à exagérer la rigueur des conditions ; elle ne l'autorise pas toujours à exiger des cessions territoriales. La guerre elle-même n'est qu'un moyen imparfait de faire vider les contestations, un moyen contraire à la science du droit rationnel, mais qu'on est forcé d'accepter en droit positif, faute d'aucun autre (nºs 156 et 157). L'issue de la guerre peut être funeste au bon droit et favorable aux prétentions injustes. Quoique placé dans la réalité des affaires pratiques et dans le droit positif accepté par cette pratique, on est encore ici hors du véritable droit, dans des combinaisons et dans des conflits d'intérêts soutenus et résolus par la force, par l'habileté, par les hasards de la fortune. Voilà comment encore l'opposition des autres Etats peut venir à propos faire obstacle ou tempérament aux agrandissements de cette nature. On ne peut pas dire que ces agrandissements soient justes suivant le droit rationnel, on ne peut pas dire qu'ils soient injustes suivant le droit positif ; mais ce droit ne les admet que dans la mesure que viendront y apporter les considérations de l'équilibre.

Ainsi, en résumé, nous considérons les principes de l'équilibre comme constituant un droit conventionnel coutumier, justifié par l'état imparfait des institutions publiques, et destiné à limiter des modes d'agrandissement ou de développement de puissance extérieure que l'usage admet, quoiqu'ils ne soient pas conformes aux vérités abstraites du droit rationnel. Le droit positif international sanctionnant le moyen défectueux d'agrandissement ou de développement, sanctionne aussi le correctif.

274. Ces prémisses étant posées, la réponse à nos trois questions, sauf les particularités propres à chacune d'elles, doit en découler.

275. Dans la première de ces questions, la notion de l'équilibre est simple et facile à concevoir, puisqu'il s'agit d'une seule nation comparée à toutes les autres du même groupe.

Les agrandissements ou les développements de puissance extérieure, de nature à rendre cette nation plus forte à elle seule que la réunion de toutes les autres, sont-ils opérés par des moyens justes? Nul n'a le droit de s'y opposer; c'est aux autres nations à suivre une voie semblable;

Par des moyens injustes? Le droit d'opposition existe, indépendamment même de toute considération d'équilibre;

Par des moyens admis en droit international positif, quoique non conformes aux vérités rationnelles du droit? L'équilibre sert de limite. Les autres nations ont le droit positif de s'opposer à ce que les développements extérieurs obtenus par des moyens de cette nature soient tels qu'ils rendent la puissance qui en profite supérieure en force à toutes les autres réunies et menaçante pour leur indépendance.

276. Dans la seconde de nos questions, la notion de l'équilibre devient plus compliquée, plus arbitraire, et, par conséquent, elle s'obscurcit. Il y a ici un certain nombre de grandes puissances rivales les unes des autres, exerçant leur influence sur

des puissances inférieures, susceptibles d'être dirigées tantôt dans un sens et tantôt dans l'autre : c'est comme si on avait un groupe de forces diverses, agissant en des sens différents, variables quelquefois, et néanmoins devant se balancer mutuellement. L'idée d'équilibre n'a rien de déterminé, car on pourrait augmenter, diminuer certaines forces ; en supprimer, en ajouter ; décomposer, réunir : et cependant s'arranger de manière à conserver toujours entre elles un certain balancement. Elle n'a, non plus, rien de stable, puisqu'il y a des directions variables, et mille éléments de puissance intérieure ou extérieure de nature à se modifier de jour en jour et auxquels on ne saurait vouloir commander.

Néanmoins, en acceptant cette idée d'équilibre politique avec toute la latitude qu'elle exige nécessairement, peut-on en déduire que dans un même groupe d'Etats, chacun d'eux ait le droit de s'opposer aux modifications de puissance extérieure par lesquelles un de ces Etats pourrait acquérir une prépondérance marquée sur ceux destinés à lui faire contre-poids, et déranger ainsi le balancement de tout le système?

Non, si ces modifications de puissance extérieure sont accomplies par des moyens conformes de tous points aux données de la justice rationnelle ; sauf aux autres Etats à satisfaire à leur désir d'équilibre, par les progrès ou par les combinaisons légitimes qui peuvent être en leur pouvoir ;

Oui, indépendamment même de toute idée d'équilibre, si les modifications de puissance extérieure sont opérées par des moyens injustes ;

Si elles le sont à l'aide de ces moyens reçus dans les usages du droit positif international, quoique non conformes aux principes abstraits du droit rationnel, l'équilibre sert de limite. Chacun des Etats composant un même système a le droit positif de mettre obstacle à ce que l'équilibre soit rompu par de tels modes d'agrandissement pour les uns, d'affaiblissement pour les autres ; ou du moins d'exiger que si des modifications sont faites à l'état de possession territoriale et d'influence extérieure, elles soient faites de manière à conserver dans la nouvelle combinaison les proportions de l'équilibre voulu.

277. Enfin la troisième de nos questions ne diffère de la précédente qu'en ce qu'elle suppose, de plus que celle-ci, une convention formelle et générale, consentie par les Etats qui forment un même système, et établissant entre ces Etats une certaine distribution destinée à produire équilibre ; de telle sorte qu'il s'agit de savoir jusqu'à quel point cette convention d'équilibre lie les parties contractantes.

Cette troisième hypothèse est celle qu'il importe le plus d'examiner pour le droit international européen, parce que depuis les traités de Westphalie les Etats de l'Europe ont marché de plus en plus vers une semblable situation, et que les traités de 1814 et de 1815 les y ont placés entièrement.

Les principes sur l'équilibre ne suffisent plus, à eux seuls, pour résoudre la difficulté ; il y faut joindre une application des principes relatifs à la force obligatoire des traités publics entre les Etats ; car la question se complique des uns et des autres. Les premiers nous sont connus, expliquons-nous sur les seconds, et nous en ferons ensuite la combinaison.

278. Sans doute l'accord des puissances discutant et traitant ensemble amiablement, pour résoudre les difficultés élevées entre elles, et arrêter, de concert, un arrangement territorial placé sous la garantie commune, est une chose bonne en soi.

Si l'on se place dans les pures données de la science, si on suppose que les délégués de chaque puissance, par la nature du gouvernement auquel ils se rattachent et par la manière dont ils sont investis de leur mission, soient réellement les représentants de la nation elle-même et de ses intérêts collectifs, et que les arrangements territoriaux arrêtés par eux reçoivent les ratifications suffisantes, émanées de chaque souveraineté nationale : on aura une situation conforme entièrement au droit rationnel.

En droit positif, ces conditions ne seront pas toujours remplies. Il faut bien accepter pour les relations internationales, et pour les traités publics nécessités par ces relations, sous peine de les rendre impossibles, le mode de représentation diplomatique et les ratifications voulues par la nature de chaque gouvernement, quelle que soit cette nature. Il en pourra résulter que les intérêts représentés, que les volontés exprimées seront souvent ceux d'une dynastie, ceux du prince, et non ceux de la nation, ou même qu'ils seront contraires à ces derniers. Cependant, même avec ces défectuosités, ce mode de règlement par accord pacifique et général vaut encore mieux que le maintien des difficultés, ou que les règlements par voies de fait et par actes de guerre. Dans la délibération, dans la discussion communes entre un certain nombre de puissances, les intérêts sont contrôlés par les intérêts, les prétentions combattues par les prétentions, un certain esprit de modération et d'équité a plus de chance à se faire jour, à être imposé au besoin par le sentiment de la majorité à celui qui s'en écarterait dans des vues exclusivement personnelles, et, tout critiquable que puisse être, sur quelques points, le résultat, il reste encore bien préférable ordinairement à celui qui sortirait des autres modes plus imparfaits de solution.

279. Mais qu'il s'agisse de l'un ou de l'autre de ces deux cas, c'est-à-dire de représentations diplomatiques et de ratifications conformes en tout aux données de la théorie abstraite, ou conformes seulement au droit positif et aux usages de la pratique, il ne faut pas oublier qu'entre les Etats, de même qu'entre les particuliers, la convention ne peut pas tout. Le

respect de la foi donnée, l observation des contrats régulièrement formés, sont au nombre des premières et des plus rigoureuses nécessités dans les relations humaines; mais il faut que ces contrats roulent sur des objets dont les contractants aient pu disposer, sur des engagements qu'il leur ait été licite de prendre. L'acte par lequel un homme vendrait sa liberté, s'engagerait à se laisser mutiler, à commettre un vol ou une action coupable, serait sans efficacité et ne produirait, en droit privé, aucune obligation. Des restrictions analogues existent quant aux conventions publiques entre les nations. Ce serait un curieux et un important chapitre, qui manque aux principaux traités de droit international, que celui dans lequel on déterminerait avec précision et avec l'autorité du droit, quelles sont les choses dont il n'est pas permis aux Etats de disposer, quels sont les engagements qu'il ne leur est pas loisible de prendre.

280. Sans vouloir traiter ici le sujet, mais en nous bornant à en extraire ce qui se rattache à la question par nous agitée, nous ferons remarquer que, du principe que la souveraineté tant intérieure qu'extérieure est inaliénable; que nul peuple ne peut se démettre lui-même, de quelque manière que ce soit, et pour un avenir quelconque, de celle qui lui est propre ; qu'à plus forte raison les autres Etats ne peuvent l'usurper ou l'annihiler ; qu'il peut exister à cet égard des actes de fait, mais que le droit subsiste et peut se faire jour à toute heure : de ce principe découlent plusieurs conséquences :

Des puissances délibérant en congrès, et arrêtant en commun un arrangement général de territoire, ne peuvent, par leur traité, réunir légitimement plusieurs peuples en un, les affilier fédérativement, ou séparer un peuple en plusieurs, sans le consentement des intéressés ; car il s'agit là d'un attribut essentiel de la souveraineté, dont nul Etat ne peut être dépouillé. Et quand bien même cette réunion cette affiliation fédérative ou cette division de peuples auraient été opérées en fait, quand bien même les peuples intéressés y auraient adhéré, ils auraient toujours le droit, par un changement de volonté nationale, et sauf le règlement équitable du passé, de revenir à leur état primitif, ou à tout autre qui leur conviendrait, parce que cet attribut de la souveraineté est inaliénable.

Les puissances contractantes elles-mêmes ne peuvent pas s'obliger valablement, par leur traité, à ne jamais se réunir, s'affilier fédérativement, ou à ne jamais se diviser : toujours par la même raison, qu'il s'agit là d'un attribut inaliénable de la souveraineté, sur lequel il n'y a pas d'engagement international valable.

Même l'engagement de ne jamais acquérir, par des moyens légitimes, de nouveau territoire, abstraction faite des populations, ou de ne jamais céder aucune partie de son territoire, serait une restriction à la souveraineté et à l'activité nationales, dont la validité ne saurait être admise par la raison du droit. De pareils engagements entre particuliers, celui, par exemple, de ne jamais acquérir d'immeubles, de chevaux, de tableaux, ou de ne jamais en aliéner, seraient radicalement nuls. A plus forte raison en est-il de même entre les nations.

Enfin, les puissances contractanctes, bien qu'elles aient quelquefois, dans leurs conventions générales d'équilibre, inséré des clauses relatives à l'établissement ou à la garantie de certaines institutions, ne peuvent obliger ainsi, par leur traité, quelqu'une d'entre elles, ni s'obliger elles-mêmes à avoir et à conserver malgré elles telles institutions intérieures, telle forme déterminée de gouvernement : les institutions, la forme intérieure de gouvernement étant une dépendance essentiellement inaliénable de la souveraineté.

281. C'est ainsi que l'insertion dans l'acte final du Congrès de Vienne de la constitution fédérale de l'Allemagne, ou les

clauses relatives aux affaires de la Suisse, n'ont pu ôter à ces deux confédérations le droit de changer intérieurement leur pacte fondamental; c'est ainsi que la réunion de la Hollande et de la Belgique en un royaume des Pays-Bas, n'a pu empêcher, en 1830, la séparation de ces deux pays, ainsi qu'a dû le reconnaître alors la conférence de Londres; c'est ainsi qu'il en serait de même du royaume Lombardo-Vénitien par rapport à l'Autriche, de la Pologne par rapport à la Russie, et, en général, de tous les Etats créés, reconnus ou parties stipulantes dans le Congrès : sauf à chacune des puissances contractantes, dans tous les cas de transformation, à voir jusqu'à quel point il pourrait leur convenir de modifier ou de maintenir leurs relations avec les nouveaux Etats transformés.

282. Il résulte de ces observations, que la convention formelle et générale, intervenue entre un certain nombre de puissances, au sujet d'une distribution territoriale et d'un équilibre politique à établir sous leur garantie commune, ne peut faire obstacle, en droit rationnel, aux accroissements, aux adjonctions, aux affiliations fédératives, aux réunions ou aux séparations de territoire ou de population, qui pourraient plus tard s'opérer par des moyens légitimes, quelques modifications que ces événements apportassent à l'état primitif de distribution.

283. Ces conventions, conclues ordinairement à la suite de guerres générales, de contestations ou de troubles dont chacune des puissances a eu à souffrir, constituent un accommodement sur les difficultés présentes; déterminent, relativement à toutes les causes antérieures comprises dans la transaction, les droits actuels des parties, lesquels vont former désormais point de départ et devront être respectés comme tels. Mais elles ne peuvent commander aux événements futurs, arrêter les causes nouvelles et clouer l'avenir sur le *statù quo* qu'elles ont organisé. Les puissances contractantes qui ont

garanti une constitution, un système fédératif, un certain état de propriété et de possession territoriales, sont autorisées, par cela seul, en droit des gens, à défendre l'état de choses qu'elles ont garanti, contre toute attaque qui viendrait du dehors, de la part de tierces-puissances ; mais elles ne sauraient transformer la défense au dehors, en oppression au dedans; ni puiser dans les conventions aucun droit de violenter ou de gêner la souveraineté d'aucune puissance, dans les choses qui dépendent du libre exercice de cette souveraineté.

284. Nous nous trouvons donc ramenés, même en présence d'une convention générale d'équilibre, à appliquer dans cette troisième question les mêmes principes que dans les deux premières :

Si on suppose les agrandissements, les affiliations fédératives, les modifications ultérieures de territoire ou d'influence internationale, survenus par des moyens entièrement conformes aux principes de la science rationnelle, et par conséquent au droit de souveraineté appartenant à chaque nation, il n'y a aucun droit d'opposition à tirer ni des principes généraux, ni des traités formels sur l'équilibre : sauf aux autres États à chercher, de leur côté, dans l'exercice régulier de leurs pouvoirs respectifs, et dans les combinaisons légitimes qu'ils peuvent avoir à leur disposition, des ressources pour obvier, comme ils le jugeront convenable, aux modifications ou aux déplacements de forces qui se sont opérés.

Si on suppose les modifications survenues par des moyens injustes, le droit d'opposition existe, puisant une énergie nouvelle et un motif suffisant pour être mis en action, dans les stipulations et dans les clauses de garantie contenues aux traités.

Enfin, si on suppose qu'il s'agisse de ces moyens admis dans l'usage et dans le droit positif, quoiqu'ils ne le soient pas dans la science théorique : par exemple, de successions, de testaments, de constitutions de dot, de guerres et de conquêtes, alors on reste dans les observations faites au sujet des deux questions précédentes. Le droit positif, en admettant de tels moyens d'agrandissement ou de modification de puissance extérieure, ne les admet qu'avec le correctif destiné à les modérer. Les puissances contractantes peuvent prendre dans les traités un point d'appui de plus, pour s'opposer à l'abus de ces moyens, à l'exagération des prétentions, et pour exiger sinon le maintien du même équilibre, au moins l'établissement de garanties communes et de quelque équilibre équivalent, dans les modifications ou dans les combinaisons nouvelles nécessitées par les événements.

285. En somme, le principe de l'équilibre des forces matérielles entre les Etats que leur position appelle à former un même système, nécessité par cette circonstance que c'est au moyen ou sous l'influence de ces forces que se terminent, en définitive, les conflits internationaux, est un principe utile au maintien, en fait, de l'indépendance respective des Etats. La politique, dans son action incessante pour la bonne direction des affaires et pour la satisfaction des intérêts publics, doit chercher avec sollicitude à établir ou à maintenir cet équilibre, sans jamais dépasser néanmoins les limites de ce qui est licite, dans lesquelles elle doit toujours se renfermer. Elle a, pour cela, toutes les ressources, tous les moyens, toutes les combinaisons ouvertes à l'activité des peuples, et dont chacun d'eux peut disposer dans l'exercice régulier de ses droits, sans faire lésion aux droits d'autrui.

Cependant, bon comme principe de conduite politique, s'il signifie que nul Etat ne doit prétendre à dominer les autres, que tous doivent être modérés dans leur désir d'agrandissement, qu'ils ne doivent pas abuser de leur bonne fortune et de leurs victoires dans la guerre; que l'esprit de conciliation, d'arrangement conventionnel et de pacification en commun doit être propagé entre eux : mauvais, s'il sert de prétexte et d'instrument à l'envie, à la jalousie, à la convoitise politiques ; s'il est tourné vers l'envahissement en commun, vers le partage concerté entre plusieurs des territoires d'autrui ; vers la sujétion des faibles à la ligue des forts ; vers l'opposition aux actes légitimes des diverses souverainetés nationales ; vers l'oppression des droits essentiels qui appartiennent à chaque peuple ; bon ou mauvais suivant l'intention de ceux qui l'invoquent et suivant l'usage qui en est fait ; indéterminé dans les éléments sur lesquels il repose, et variable de jour en jour : le principe de l'équilibre politique des forces matérielles ne peut être un principe de droit rationnel ; nous ne le reconnaissons pas comme tel.

Mais en présence de la nécessité absolue d'accepter, en fait, dans les relations internationales, toutes les formes de gouvernement établies chez les divers peuples ; en présence de l'imperfection des institutions publiques et des modes par lesquels peuvent s'opérer les changements de puissance extérieure, le droit coutumier international l'admet comme un correctif utile, quoique défectueux, à des moyens défectueux d'agrandissement territorial et de modification de puissance extérieure qu'il admet aussi. Ce qui revient à dire, pour dernière et plus simple expression de notre solution, que ces moyens défectueux d'agrandissement territorial et de modification de puissance extérieure entre les Etats, ne sont reçus par le droit coutumier international que dans une certaine limite : celles que peuvent venir y apporter les considérations tirées de l'équilibre [1].

[1] Nous ne prétendons pas écrire ici une brochure de circonstance, nous cherchons à reconnaître et à démontrer des principes permanents. Mais en faisant l'application de ces principes aux difficultés soulevées en ce moment par les affaires de la Confédération germanique, il sera facile d'en déduire

286. On remarquera que la théorie de l'équilibre touche, par chacune des trois questions dont elle se compose, à la théorie du droit d'intervention, puisque l'intérêt de l'équilibre menacé fournit, dans les limites que nous venons de déterminer, un des cas principaux pour lesquels la coutume internationale reconnaît aux Etats le droit d'intervenir, à titre modérateur, dans les conflits entre puissances d'un même groupe. On remarquera pareillement qu'elle touche, par la dernière de ces questions, à la théorie de la paix perpétuelle, dont l'équilibre conventionnel, par traité général placé sous la garantie commune, est une sorte de diminutif imparfait. Ce serait sortir de notre sujet que d'en pousser l'examen jusque dans ces affinités indirectes. Nous ferons observer seulement qu'il ne suffit pas, pour la légitimité d'un système, qu'il produise la paix : il faut encore qu'il la fonde sur le droit ; car la paix contre le droit n'est que l'oppression du faible par le fort.

287. Cette dernière idée nous conduit à une autre manière d'envisager l'équilibre, qui diffère de celle que nous venons d'exposer conformément aux faits historiques et aux usages de

comme solution de droit : 1° que les puissances signataires aux traités de 1815 ne peuvent tirer de ces traités, bien que la constitution intérieure de la Confédération germanique ait été insérée dans l'acte final du Congrès, aucun droit de s'opposer aux modifications qui seraient faites librement par les parties intéressées à cette constitution ; 2° mais que s'il s'agit d'augmenter l'étendue extérieure de la Confédération, d'y comprendre des États qui n'en font point partie d'après les traités, par exemple toutes les possessions de la Prusse, et toutes celles de l'Autriche, telles que la Bohême, la Hongrie, le royaume Lombardo-Vénitien, ces possessions n'étant réunies à ces deux puissances qu'en vertu du droit conventionnel, et la disposition qu'elles en feraient en les rattachant à la confédération, n'ayant lieu ni conformément aux principes purs de la science rationnelle, ni en accord avec les clauses des traités, chaque puissance signataire de ces traités aurait incontestablement, en droit positif international, la faculté de s'opposer, même par les armes, à ce que l'équilibre général de l'Europe fût ainsi troublé.

la politique internationale, et qui se place presque exclusivement dans le domaine de l'abstraction.

C'est une vérité depuis longtemps proclamée, qui était prise par Fénelon pour base des idées émises par lui au sujet de l'équilibre (ci-dessus, n° 225), et sur laquelle reposent en effet toutes les théories de cette nature : que les nations, pas plus que les individus, ne sont faites pour vivre à l'état d'isolement; qu'elles forment entre elles comme de grandes sociétés; et que malgré l'absence d'un pouvoir législatif et de juridictions organisées en qualité de supérieur commun, il existe des nécessités d'actions ou d'inactions exigibles de l'une à l'autre, c'est-à-dire des nécessités de droit.

Si ces nécessités de droit international sont violées par un Etat à l'encontre d'un autre, il serait à désirer de voir une force supérieure contraindre cet Etat à s'y conformer et donner ainsi satisfaction à la loi du juste entre les peuples. De là est venue cette autre manière d'envisager l'équilibre, qu'on pouvait déjà pressentir en partie dans la définition donnée par M. d'Hauterive (ci-dessus, n° 206), mais que M. Heffter a exprimée plus nettement et plus complétement, lorsqu'il a dit que « l'équilibre politique consiste en un état tel qu'aucune nation « ne peut s'écarter des principes de justice du droit interna- « tional sans s'exposer à l'opposition non-seulement de l'Etat « menacé, mais de tous les Etats faisant partie du même sys- « tème politique; d'où il résulte une sorte d'équilibre moral « qui produit une grande sécurité pour l'observation des règles « de justice entre les peuples. » (Ci-dessus, n° 260, pag. 195, en note.)

288. Cet équilibre moral est tout autre chose que l'équilibre matériel, c'est-à-dire l'équilibre des forces effectives, des moyens efficaces d'action et de puissance que peuvent avoir, en fait les Etats. M. Heffter reconnaît lui-même cette différence, et

quant à l'équilibre matériel, il le déclare impossible (*Ibidem.*)

Constatons toutefois que la théorie de l'équilibre politique, telle que l'ont formée les précédents, telle que l'a entendue la pratique internationale, telle enfin qu'on s'en préoccupe dans la réalité des affaires et des négociations, est bien celle des territoires, celle des moyens matériels de force et de puissance dont peuvent disposer les Etats. Transporter l'idée d'équilibre de cette sphère matérielle dans une sphère purement morale, c'est, sous l'apparence du même mot, changer de milieu et de question : le nouveau problème est intéressant, mais c'est un autre problème.

289. Ce problème n'est rien autre que celui, bien difficile, pour ne pas dire impossible à résoudre, des moyens par lesquels on pourrait assurer entre les Etats, dans leurs relations internationales, l'observation exacte du droit. Arrivé à ce point, il se sépare entièrement de notre sujet, l'acquisition du domaine international. Bien que la considération des forces matérielles n'y soit pas sans valeur, puisqu'en définitive, si le problème était résolu, il devrait aboutir à constituer, au besoin, quelque moyen de contrainte effective, on voit qu'il gît, non pas dans une question de répartition de forces à faire, mais dans une question d'institutions à créer. Loin de prendre son essence dans une division et dans un balancement de forces opposées, il s'accommoderait beaucoup mieux d'une association, d'une fusion, et conduirait presque nécessairement au système de la fédération d'États. Une fois dans ce système, lorsque l'organisation en est assise sur des bases conformes aux principes de la souveraineté nationale, les moyens pour le maintien et la sécurité des droits de chacun sont dans la bonté des institutions, et les théories de l'équilibre politique, telles qu'on les comprend dans les États morcelés et rivaux les uns des autres, ne sont pas même admises en droit positif. C'est ainsi que la République

des États-Unis d'Amérique se refuse à reconnaître comme ayant quelque autorité, non-seulement dans son sein, mais même dans son hémisphère, les théories européennes de l'équilibre; et que plaçant les garanties de droit dans la nature et dans le jeu de ses institutions, elle considère comme un progrès pour l'humanité, l'adjonction successive et volontaire des divers États qui l'avoisinent, à mesure qu'elle les admet dans son système politique et qu'elle recule de plus en plus les limites de l'Union. (Voir le message du président, M. Monroe, au Congrès, du 2 décembre 1823. *Annual Register*, vol. LXV. — *Public documents*, p. 183.)

290. Ainsi nous terminons, comme nous l'avons commencée, par l'idée du droit, cette dissertation sur un sujet bien au-dessus de nos forces, mais pour lequel nous avons demandé à l'expérience historique des faits, aux écrits de nos devanciers et à nos études de droit commun, les lumières qui nous étaient nécessaires. Notre conclusion dernière, ressortant de l'ensemble de ce travail, pourra être : que l'État, de même que l'homme privé, ne doit jamais chercher des agrandissements de propriété territoriale autre part que dans des moyens d'une légitimité incontestable ; et qu'encore lui vaut-il mieux imiter celui qui travaille à améliorer plutôt qu'à étendre, et placer, avant tout, l'objet de la sollicitude et des efforts publics dans le perfectionnement des institutions, dans le développement de toutes les ressources intérieures et de toutes les facultés de la population.

FIN.

TABLE.

—

Pages.

INTRODUCTION 5

NOTIONS PRÉLIMINAIRES.

Domaine international.

Ce que c'est que le domaine international. — A quels objets il s'applique. — Et quels en sont les effets 11

TITRE PREMIER.

Acquisition du domaine international de territoires n'appartenant à personne.

CHAP. Ier. *Le travail d'appropriation.* — Ce que c'est que l'occupation. — Elle contient en soi le travail. — La propriété est acquise dès qu'elle a eu lieu 37

CHAP. II. *Modifications dans les limites variables.* — Effets des changements survenus dans les eaux limitrophes. — Naissances d'îles ou d'îlots 52

TITRE II.

Translation du domaine international d'un Etat à un autre.

CHAP. Ier. *Conventions de transférer le domaine international, et prises de possession.* — Quelles sont les conditions de validité et les effets de ces conventions. — Si la prise de possession est nécessaire pour la translation du domaine 61

CHAP. II. *Réunions provenant de la personne du prince.* — Ces réunions ne doivent pas se ranger, en droit, au nombre des moyens d'acquérir la propriété d'État à État. — Effet utile qu'elles ont eu dans le passé 76

CHAP. III. *Décisions arbitrales, et résultat de la guerre.* — Dans quels cas les décisions arbitrales opèrent translation du domaine international. — Cette translation n'est pas effectuée, en cas de guerre, par l'occupation, mais seulement par le traité qui termine la guerre 82

CHAP. IV. *Acquisition du domaine international par un certain temps*

Pages.

de possession. — Fondement rationnel de ce mode d'acquisition. — Comment et sous quelles conditions la prescription acquisitive a lieu en droit international. — Elle ne s'applique pas au droit de souveraineté intérieure ou extérieure, ni à la nationalité. 97

TITRE III.

De l'équilibre politique dans ses rapports avec le droit d'acquisition territoriale.

Notion de l'équilibre politique, et des limites qui pourraient en résulter pour le droit d'acquisition territoriale. — Origine et développement historique du système de l'équilibre entre les États européens. — Principaux traités constitutifs des arrangements territoriaux en Europe et du système de l'équilibre en droit positif international. — Appréciation, en droit rationnel, de la théorie de l'équilibre.. 123

FIN DE LA TABLE.

www.ingramcontent.com/pod-product-compliance
Ingram Content Group UK Ltd.
Pitfield, Milton Keynes, MK11 3LW, UK
UKHW012027240726
13965UKWH00002B/628